DELIUS KLASING

Maximilian
Leßner

Im Zweifel für den Segelsommer

Aussteigen
statt
Aufsteigen

Delius Klasing Verlag

181

Inhalt

Für Mama und Papa

Nonsuch

Raus aus der Komfortzone!

28. März bis 15. April, 385 Seemeilen

Aus dem Logbuch:

4. Juli 2014, Haparanda | 48. Seetag, 1800 Seemeilen
Der neue Tag beginnt mal wieder mit pottdickem Nebel. Hält bis zum Nachmittag an. Zum Ausgleich zieht komischerweise gleichzeitig auch Wind auf und so segle ich nach Norden. Selbst als der Nebel aufklart, bleibt es hier oben einsam. Nur zwei Frachter ziehen an diesem Tag in der Ferne vorbei.
Am Abend bekomme ich dann die ersten Nordschären zu Gesicht und im Abendrot geht es nach Haparanda. Trotzdem bleibt es taghell – davon habe ich jahrelang geträumt. Der Hafen ist eigentlich nichts Besonderes und hat trotzdem eine einmalige Aura. Das Klubhaus, ein »Tempel« der Ostseesegler, fasziniert mich besonders.
Glücklich, mein weitestes Ziel heil erreicht zu haben, lasse ich den Tag auf der Hafenmole ausklingen. Es ist zwei Uhr morgens und die Sonne geht schon wieder auf. Von nun an geht es heimwärts. Auch ein komisches Gefühl ...

4. September 2014, Väderöarna | 91. Seetag, 3004 Seemeilen
Man stelle sich vor, man macht an einem Tag die 3000 Seemeilen voll. Und am gleichen Tag findet man auch noch den schönsten Hafen der ganzen Ostsee. Wenn dann auch noch den ganzen Tag über perfektes Segelsommerwetter herrscht, geht es wirklich nicht besser. Dieser Tag hatte einfach alles.

Im Gegensatz dazu sah ich mich zehn Monate zuvor zu dieser Zeit von Jurabüchern umgeben in einer Bibliothek hocken oder in einem Büro festgenagelt. Stattdessen saß ich nun an einem der schönsten Punkte der Ostsee auf sonnengewärmten Felsen und genoss mein Leben. Aber mal von Anfang an.

Es ist Dezember 2013, und schon seit Wochen geistert die Idee in meinem Kopf herum, den nächsten Sommer nur zu segeln. Den Plan, einmal einen ganzen Sommer auf See zu verbringen, habe ich schon lange, und doch passt das im Moment so überhaupt nicht: Mein Studium neigt sich dem Ende zu, und es gäbe deutlich Wichtigeres zu tun. Bei meinen Studienfreunden dreht sich so gut wie alles um Bewerbungen, Examen, Jobangebote, Aufbaustudiengänge und Doktorandenplätze, und auch ich sollte mich eher um diese Dinge kümmern. Aber irgendwie fehlt mir nach fünf Jahren Jurastudium die Motivation. Darüber hinaus fühle ich mich von der Vielzahl der Möglichkeiten auch ein bisschen erschlagen. Schon nach dem Abitur standen mir schier unermesslich breit gestreute Möglichkeiten offen, jedoch hat mein Leben im Verlauf des Studiums dann einen klar geregelten Ablauf erhalten: Jeden Tag in Hamburg-Wandsbek in die U-Bahn steigen, in der Uni bis spät abends in der Bibliothek oder in Seminarräumen sitzen, die Semesterferien mit Praktika und Nebenjobs verbringen, ein paar Wochen Urlaub im Jahr und am Wochenende nette Abende mit Freunden oder kleine Segeltrips auf der Schlei. Selbst die Kneipenabende mit Freunden sind irgendwie Routine. Damit wir uns nicht falsch verstehen: Ich führe ein tolles Leben! Ich darf in einer wunderbaren Stadt wohnen, an einer renommierten Uni studieren, habe interessante Jobs und gute Karriereaussichten, Freunde und Familie und mit dem Segeln ein Vollzeithobby. Mich stört nur der Alltagscharakter meines Lebens, ohne Abenteuer, ohne richtige Spannung. Ist das ein Problem meiner Generation? Wohl eher nicht, denn schon Carruthers, ein aufstrebender Londoner Büroangestellter, Segler und der Held aus *Das Rätsel der Sandbank*, meinem Lieblingsjugendbuch, wünschte sich vor 100 Jahren am Anfang des Buchs nichts sehnlicher, als dem Londoner All-

Mich stört nur der Alltagscharakter meines Lebens, ohne Abenteuer, ohne richtige Spannung.

tag zu entkommen. Warum mach ich das dann nicht einfach auch?

Nach dem Abitur, das ich mit 18 gemacht habe, dachte ich noch: »Jetzt entdecke ich mal die Welt!« Tatsächlich ging es dann aber mit nur wenigen Wochen Pause gleich in die Großstadt zum Jurastudium, das ich bisher ohne große Pausen konsequent durchgezogen habe. Damit habe ich einen Lebenslauf, wie ihn sich Personaler heutzutage angeblich wünschen. Und es hat mir ja auch irgendwie Spaß gemacht, immer vorn mit dabei zu sein. Mein Plan für die nächsten fünf bis zehn Jahre schien klar: Uni abschließen, Geld verdienen, möglichst rasch und erfolgreich Karriere in einer großen, internationalen Anwaltskanzlei machen – das Übliche eben. Nicht weil ich dazu gezwungen worden wäre, aber irgendwie ist der Wunsch danach doch gesellschaftlicher Standard und »en vogue«. Nur das Weltentdecken blieb dabei irgendwo auf der Strecke. Ein modernes Studium gibt einem – Bologna sei Dank – leider nicht mehr allzu viele Möglichkeiten, seine eigenen Ideen mit einzubringen. Und nun rücken das Berufsleben und die angedachte Karriere mit großen Schritten immer näher und damit sicherlich noch mehr Alltag. Wann also soll ich noch die Welt entdecken?

Solche Gedanken sind sicherlich vielen Mittzwanzigern nicht fremd, aber wie viele andere habe ich meine Zukunftsbedenken oft einfach beiseitegeschoben. Das sollte sich nun durch ein Segelboot ändern, und zwar eines, mit dem man buchstäblich nicht mehr vorn dabei sein kann. Schon seit mehreren Jahren habe ich die NONSUCH, eine Sirius 26. Sie ist für mich mindestens der schönste Kleinkreuzer der Welt, leider vermutlich aber auch der langsamste. Aber so kann ich bis zum Ziel wenigstens länger segeln.

Es ist vielleicht ungewöhnlich für mein Alter, aber dieses Boot ist mein wichtigstes Hobby. Ich komme von der Küste, segle seit Kindesbeinen, und irgendwann musste einfach ein eigenes Schiff her. Wo andere in meinem Alter vielleicht für ein Auto gespart haben, sollte es bei mir ein eigenes Boot sein. Die Sommerwochenenden verbrachte ich immer lieber auf dem Wasser als in den Hamburger Kneipen, und auch im Winter habe ich viele Stunden Pinsel und Schleifklotz in der Hand gehabt. Oder ich saß am Schreibtisch, um das Ganze auch bezahlen zu können. Für mich gibt es kein schöneres Hobby. Das Entdecken

Ein ganz normaler Winterlager-nachmittag. Aber eben nur fast ...

verschlafener Dörfer und Buchten, das Grillen beim Ankern mit Kumpels am Strand, die sportliche Komponente und die vielen anderen einzigartigen Momente, die einem das Segeln schenkt, lassen jede durchzechte lustige Studentennacht dagegen verblassen. Auch wenn diese in so manchem Hafen zum »jugendlichen« Fahrtensegeln dazugehören. Und wann immer ich Freunde zum Segeln eingeladen habe, habe ich begeisterte Neusegler gewonnen. Nachwuchs für das Fahrtensegeln? Das war an Bord der NONSUCH noch nie ein Problem.
Und nun sollte dieses kleine, dicke Schiff nicht nur die mitlaufenden Segler auf der Schlei, sondern letztlich auch meinen Alltag und meinen geradlinigen Lebenslauf ausbremsen.

Das letzte Wochenende war wieder nett, aber doch dermaßen normal und gewöhnlich. Ein feuchtfröhlicher Samstagabend, ein durchgearbeiteter Sonntag in der Unibibliothek. Am Samstagvormittag habe ich jedoch die NONSUCH im Winterlager besucht. Das ist mit den zahlreichen aufgebockten Booten eigentlich ein trister Ort, aber mich hat dort wieder diese Abenteuerlust gepackt. Ich lasse die vergangene Saison Revue passieren, schraube ein wenig am Boot und »fachsimple« nebenbei mit meinem Hallennachbar Stefan herum, was aber eigentlich nur der Arbeitsvermeidung dient. Ein ganz normaler

Winterlagernachmittag also, an dem im Grunde genommen nicht viel passiert ist. Nur ist das Gefühl, dass ich mich gerade an keinem Ort der Welt so wohl fühle wie an Bord, noch ausgeprägter als sonst.
Am Montag geht es dann wieder an die Arbeit, wo ich in einer Fachzeitschrift etwas über den gut ausgebildeten Nachwuchs lese, für den alles möglich ist. Und ich komme ins Grübeln, folge nicht den Gedanken des Artikels, sondern biege ab. Wenn für mich wirklich alles möglich ist, zählt dann nicht auch das Segeln dazu? Die Idee einer größeren Reise habe ich ja schon lange. Aber das passt im Moment eigentlich so gar nicht. Auf der anderen Seite habe ich das Geld für eine solche Reise schon seit einer Weile zusammengespart. Und am Boot wären auch nur einige kleine Anpassungen nötig ...
Den Rest des Vormittags verbringe ich gedanklich schon irgendwo zwischen Skagen und Russland, und beim Mittagessen stelle ich die Idee einigen Freunden schon etwas provozierend als festen Plan vor: »Bevor es hier weitergeht, gehe ich ein halbes Jahr segeln. Ich möchte etwas erleben, meine Gedanken ordnen, das Leben noch einmal in vollen Zügen genießen.« Ihre Reaktion überrascht mich, denn anders als erwartet bekomme ich kaum Gegenwind, eher die Daumen hoch für den Mut, das so zu machen. Offenbar bin ich mit meiner Sehnsucht nicht allein.

»Bevor es hier weitergeht, gehe ich ein halbes Jahr segeln. Ich möchte etwas erleben, meine Gedanken ordnen, das Leben noch einmal in vollen Zügen genießen.«

Natürlich habe ich am Anfang einige Zweifel, ob dieser Weg wirklich der richtige ist oder eher nur ein bequemer Ausweg. Aber egal. Ein Mal ausbrechen. Einen Traum nicht bis zu Rente verschieben, sondern jetzt leben.

Nur wenige Wochen später ist aus der Idee ein Vorhaben geworden. Selbst meine Eltern konnte ich überzeugen, und so beginnt das Jahr 2014 nicht in der Unibibliothek in Hamburg, von der ich mich nach dem Entschluss zum Aussteigen überraschend schnell lösen konnte, sondern im Winterlager in Cuxhaven. Die nächsten Wochen verbringe ich zwischen Lacktöpfen, Seekarten, Revierführern und Ausrüsterkatalogen. Mit dem Paketboten bin ich bald per du, und der Yachthöker im Ort setzt das breiteste Grinsen auf, sobald ich seinen Laden nur betrete.

Brunsbüttel
Nebel
4°
Freitag Heute 12 4
Jetzt 11Uhr 12Uhr 13Uhr 14Uhr 15Uhr
4 8 9 10 11 11
Samstag 17 7
Sonntag 17 6
Montag 15 5
Dienstag 13 6
Mittwoch 14 3
YAHOO!

NICH
DON
S/V NONSUCH
DH6300
Cuxhaven - Germany

»Perfekte« Bedingungen zum Start.

Verpflegungsstopp in Rendsburg in voller Montur. Man weiß ja nie ...

Alte Schleuse Kiel.

Nur schlafe ich im Moment so schlecht. Ich liege oft bis in die Morgenstunden wach, jedoch nicht voller Sorgen. Vielmehr sind es Träume und Fantasien über ein halbes Jahr an Bord meiner NONSUCH, die mich vom Schlafen abhalten. Noch lässt mich mein bisheriger Alltag also nicht ganz los. Der Gedanke, was sich bis zu meiner Rückkehr wohl alles verändert haben wird, treibt mich um.
Die ganze Vorbereitung ist aber auch etwas seltsam, denn obwohl eine ungewöhnliche Weichenstellung hinter mir liegt und eine große Reise vor mir, laufen die Winterarbeiten und das Aufriggen wie immer ab. Ganz ist der »Alltag« also noch nicht vorbei. Auch die Fehler dabei sind die gleichen dämlichen wie in jedem Jahr. Hat eigentlich schon mal jemand ein Einleinenreff auf Anhieb ohne Fehler eingefädelt? Alles fühlt sich so normal an. Das ändert sich erst, als ich noch am Tag des Einkranens übers Schiff gehe, die im Winter »übersehenen« Stellen prüfe und mir im Kopf sage, dass diese dann im nächsten Winter dran sind. Das ist generell schon ein blöder Gedanke, wenn das Boot noch nicht mal zwei Stunden wieder im Wasser ist, doch dieses Mal ertappte ich mich beim Grinsen. Was bis zum nächsten Winter wohl alles passiert sein wird? Noch kann ich nicht ahnen, wie viel sich bis dahin verändert haben soll.
Vor der Ankunft kommt aber die Abfahrt. Ich will diesen besonderen Sommer voll auskosten, und so soll es bereits am 28. März losgehen.

Die letzten Tage waren wirklich anstrengend, aber nun ist alles fertig. Das Schiff glänzt (noch), alles funktioniert (momentan), die Cuxhavener Supermärkte sind restlos leergekauft, und wenn jetzt noch eine Möwe aufs Boot macht, säuft der Kahn wegen Überladung ab – alles ganz wie bei Carruthers vor 100 Jahren. Irgendwas werde ich wahrscheinlich trotzdem vergessen haben. Üblicherweise fällt mir das Ganze dann spätestens einen halben Tag später im Nord-Ostsee-Kanal ein. Vorzugsweise sind das bei mir übrigens Ladegeräte.
Märztypisch ist es kalt, windig, feucht und grau, als meine Familie mir hinterherwinkt. Dann geht es raus aus der Marina, durch die Klappbrücke und den Vorhafen und auf die Elbe. Nun spüre ich zum ersten Mal Aufregung und so ein seltsames Gefühl von Aufbruch. Leider spielt das Wetter nicht wirklich mit. Es ist unfassbare 4 °C kalt, bewölkt und der Ostwind wirft immer wieder eisiges Elbewasser über das Cockpit. Mir ist das

aber gerade völlig egal. Ich will endlich losfahren. Wohl jeder Segler kennt dieses Gefühl, dass man am Anfang des Jahres nach dem Winterlager egal bei welchem Wetter raus will. Gegen Ende der Saison ist man dann satt und wird ruhiger.
Ein guter Freund begleitet mich die ersten Seemeilen über die Elbe und durch den Kanal. Und spätestens in Brunsbüttel, an der Eingangsschleuse, ist alle Aufregung verflogen. Im Gegenteil, alles fühlt sich auf einmal so bekannt und vertraut an. Mein Sommerliegeplatz ist in Kappeln an der Schlei, und so mache ich die Kanaltour mindestens zweimal im Jahr. Die Landschaft, die kindischen Männerwitze und das traditionelle Abendessen in einem schottisch-amerikanischen Burgerrestaurant in Rendsburg in voller Montur, also in Ölzeug und sicherheitshalber mit Rettungsweste, fühlen sich genau wie immer an.

In Kiel begrüßt uns dann die Ostsee zunächst mit dickem Nebel. Das ist eigentlich nicht erwähnenswert, doch noch ahne ich nicht, dass dieser Nebel in den kommenden sechs Monaten zu meinem ständigen Begleiter werden wird. Den Leuchtturm von Schleimünde entdecke ich erst, als wir bereits fast zwischen den Molenköpfen stehen. Da denke ich mir noch, dass ich auf so etwas in der nächsten Zeit gut verzichten könnte.

»Das freie Meer befreit den Geist.«
J.W. Goethe

In Kappeln verbringe ich noch einige Tage mit letzten Reparaturen an Bord. Es hat nicht mal bis Brunsbüttel gedauert, bis die ersten Teile kaputt gegangen sind. Doch das erste Mal komme ich auch zur Ruhe, freue mich über die Tage an Bord und beginne, das Arbeitsleben auch gefühlsmäßig hinter mir zu lassen. Als Wetter und Boot dann endlich mitspielen, geht es nach einigen Tagen, mittlerweile allein, weiter. Schon nachmittags mache ich mich auf den Weg nach Schleimünde. Von hier möchte ich spätabends zu einer Nachtfahrt nach Wismar aufbrechen. Denn ich habe mir überlegt, möglichst schnell aus meinem angestammten Revier zu verschwinden, um die Zeit gut zu nutzen. Was wäre da wohl besser geeignet als der südlichste Punkt der Ostsee, um gleich ein wenig in Stimmung zu kommen.

In Schleimünde verbringe ich einen wunderschönen Abend, bevor es um Mitternacht losgeht. Ich bin aufgeregt, denn das wird die erste Nachtfahrt seit Ewigkeiten sein. Die NONSUCH und ich verstehen uns aber schnell wieder prächtig. Wir gleiten durch die Dunkelheit, der Wind weht schwach, aber wenigstens raumschots, und der Himmel ist sternenklar. Viel besser kann man doch eigentlich gar nicht starten. Das AIS scheint auch zu funktionieren. Ich habe vor der Reise in ein sendendes Modell investiert. So haben mich jetzt alle größeren Schif-

Nebel mit wenigen Schiffslängen Sichtweite sollte in den nächsten Monaten zu meinem ständigen Begleiter werden. Unangenehm, denn irgendwann hört und sieht man ständig andere Schiffe, die aber gar nicht da sind. Eine Herausforderung für den Geist.

NO LIFT
WEBBING
THIS
AY UP

Den Hafen von Schleimünde habe ich komplett für mich allein. In der Hochsaison undenkbar.

fe in der Nähe ständig mit Kurs und Geschwindigkeit auf dem Schirm. Die Tatsache, dass mir in dieser Nacht selbst in der sonst so geschäftigen Kieler Bucht alle Frachter ausweichen, scheint mich in dieser Entscheidung zu bestätigen. Irgendwo muss ich ihre Bahn ja durchqueren, und wenn man sichtbar ist, kommt auch jeder seiner Ausweichpflicht nach. Selbst ein U-Boot fährt schön einen Schlenker um mich herum.
Als schließlich die Sonne aufgeht, bin ich kurz vorm Fehmarnsund. Die erste Nacht liegt hinter, die Lübecker Bucht vor mir. Ich bin zwar noch nicht weit gekommen, aber trotzdem fühlt es sich gut an, aufgebrochen zu sein. Während der Wind dann einschläft und ich motoren muss, begleiten mich die ersten Schweinswale. Die Sonne vertreibt die Kälte der Nacht, die Stereoanlage brüllt, könnte es mir besser gehen?

Nach 18 Stunden mache ich schließlich in Wismar fest. Damit habe ich den südlichsten Punkt der Ostsee auf 53°53,6'N erreicht. Nicht mal Świnoujście liegt südlicher. Als erster Gast des Jahres liege ich sogar umsonst. Die Stadt ist eigentlich auch wirklich ganz nett, doch habe ich eine gewisse Unruhe in mir. Woran das liegt, wird mir erst am nächsten Morgen im Supermarkt klar: Ich habe mir für diese Reise keine Ziele gesetzt, sondern möchte nur ein halbes Jahr segeln. Meinetwegen auch 20-mal rund Rügen. Nun stört es mich aber, dass ich noch in Deutschland bin. Das fällt mir beim Einkaufen auf, denn das freundliche »Hej« einer dänischen Kassiererin fühlt sich einfach deutlich mehr nach Urlaub an als das »Hier nicht mehr anstellen, ich hab Middach« im Rewe in Wismar. Also schnell weiter.

Ich muss dann zwar in Kauf nehmen, dass die nächsten Seemeilen nur motorend zu schaffen sind, aber Reisende soll man bekanntlich ja nicht aufhalten – und sich selbst schon gar nicht. Oder steckt hinter der Jagd nach Seemeilen vielleicht doch noch ein wenig der Leistungsgedanke aus Uni und Job? Ich versuche, mich davon ein wenig frei zu machen und meine Zeit auf See einfach zu genießen.

Bei Sonne, Flaute und Motorfahrt vergeht der Tag ohnehin rasend schnell. Obwohl ich ein ganzes Schapp voller Bücher dabeihabe (darunter übrigens kein einziges Jurabuch), schaffe ich bis Kühlungsborn nur die neue Ausgabe der *Yacht*. »Verdammt, ich muss wohl mehr Zeit auf See verbringen«, geht mir durch den Kopf, als ich zielsicher das Hafenrestaurant ansteuere.

Denn der Aufbruch will schließlich gefeiert werden. Während ich dann da so sitze und aufs Meer schaue, frage ich mich, warum ich eigentlich in Kühlungsborn eingelaufen bin. Drei Bissen später steht der Entschluss fest, nach dem Essen einfach weiterzufahren. Ich will nach Bornholm.

Mein Liegeplatznachbar guckt etwas merkwürdig, als ich nach nicht mal zwei Stunden im Hafen abends wieder auslaufe – schließlich ist erst Anfang April –, aber der Sonnenuntergang gleich nach der Hafenausfahrt vertreibt die letzten Zweifel. Es ist noch immer windstill, aber so kann ich mich wenigstens auf eine ruhige Nacht einstellen. Endlich komme ich zum Lesen und verschlinge bis zum Sonnenaufgang im Licht meiner Stirnlampe ein ganzes Buch.

Als sich der Morgennebel verzieht, bin ich bereits nördlich von Rügen. Die Sonne scheint, es weht mittlerweile ein leichter Wind und rings um mich ist nur Wasser. Kein Land, kein anderes Schiff, nicht mal eine Wolke ist zu sehen. Nur die NONSUCH und ich. Was für ein immer wieder magischer Moment, in dem der ganze Horizont nur mir gehört! Den will ich feiern, und zwar mit einem Kaiserfrühstück inklusive Rührei und einer dröhnenden Stereoanlage. Das mag für manchen Puristen ein Graus sein, aber für mich gehört die richtige Musik zum Segeln einfach dazu. Möglichweise ist das eine Altersfrage, mich jedenfalls hat Musik diesen ganzen Sommer hindurch begleitet. Noch heute denke ich bei bestimmten Liedern an gewisse Momente meiner Reise. Und in Momenten wie diesem kann die Musik gar nicht laut genug sein, vor allem wenn der Titel auch noch »Can't get better than this« heißt.

Musik an Bord

Oft genießt man beim Segeln nur die Stille oder das plätschernde Wasser. Genauso gehört für mich aber manchmal auch die passende Musik dazu. Diese kann den Aufenthalt in der schönsten Ankerbucht untermalen oder in schwierigen Situationen neuen Mut geben. Ich bin mir sogar sicher, dass die richtige Musik an einem perfekten Segeltag das Boot gefühlt noch schneller machen kann. Gerade beim Segeln passt situationsabhängig immer andere Musik, genauso wie Geschmäcker auch verschieden sind.

Hier folgt nun eine kleine Playlist, die bei mir an schönen, ruhigen Sommertagen auf See läuft. Stellt euch einfach vor, ihr segelt mit gemütlichen drei bis vier Beaufort über die offene See, das Boot macht gute fünf Knoten, die Sonne scheint, kaum Welle und die Getränke sind kalt. Das könnte dazu laufen:

1. Can't Get Better Than This	Parachute Youth
2. Something happened on the Way to Heaven	Phil Collins
3. Set me free (Empty Rooms)	Jam & Spoon feat. Rea Garvey
4. Save Tonight	Eagle-Eye Cherry
5. Summerbreeze	Baiser
6. Pumpin Blood	NoNoNo
7. Something Good Can Work	Two Door Cinema Club
8. Voyage Voyage	Robert Miles & Patricia Kaas
9. Moving On Up	M People
10. Rather Be	Clean Bandit feat. Jess Glynne

Alternativ geht auch einfach das gesamte »Postcard from Skagen«-Album!

Doch irgendwer im Himmel scheint mein Dauergrinsen nicht zu mögen, denn am Nachmittag zieht innerhalb von Sekunden Nebel auf, und zwar einer mit nur etwa 50 Meter Sicht. Mit einem Mal ist meine gute Laune verflogen. Bis Bornholm sind es noch 25 Seemeilen, und mit Ausnahme des kurzen Stopps in Kühlungsborn bin ich seit 24 Stunden unterwegs. Und nun das! Zusätzlich zum Nebel wird es wieder unvorstellbar kalt und feucht. Natürlich könnte man jetzt verwundert fragen, ob so ein bisschen Nebel schon ausreicht, mir die Laune zu verderben. Aber wenn man 31 Seemeilen vom nächsten Land entfernt ist, aufkommender Starkwind angesagt wurde und man bereits 24 Stunden wach ist, dann reicht das definitiv. Dazu kommt, dass Bornholms zahlreiche Fischer nun mal gern auf dem Meer unterwegs sind und sicherlich nicht alle AIS haben. Der Gedanke, dass jede Sekunde einer von denen nur wenige Meter vor mir auftauchen kann, sodass sich eine Kollision praktisch nicht mehr vermeiden lässt, zerrt gewaltig an meinen Nerven. Und doch ist die Anspannung eher psychologischer denn tatsächlicher Natur, da die reale Chance, selbst knapp unter der Küste über den Haufen gefahren zu werden, eher gering ist. Trotzdem bin ich mit der Zeit mehr als nur unruhig. Ich denke schon daran, in Bornholm einfach ein »Zu verkaufen«-Schild an die NONSUCH zu nageln und die nächste Fähre nach Haus zu nehmen.

»Jetzt wird's psychologisch, meine Herren.« Kein Spruch passt bei Nebel besser.

Am Anfang ist der Nebel gar nicht mal so schlimm, aber mit der Zeit werde ich fast verrückt. Immer öfter höre ich Geräusche oder meine, im Dunst einen Umriss auftauchen zu sehen. Wie sagte schon der Kommandant in *Das Boot*? »Jetzt wird's psychologisch, meine Herren.« Kein Spruch passt bei Nebel besser. Meine Gedanken schweifen Richtung Uni ab, und ich frage mich, wie oft man sich wohl mehr Stress als nötig macht. Wie oft hat mich schon allein der Gedanke an eine mögliche schlechte Leistung oder einen Fehler halb in den Wahnsinn getrieben. Zu Hause kann ich dann wenigstens fliehen und mich in Freizeitaktivitäten stürzen. Hier aber kann ich nicht weg. Ich muss mich irgendwie durch diese Finsternis kämpfen. Eine andere Möglichkeit gibt es hier draußen auf See einfach nicht. Ich nehme mir vor, diese Gedanken nicht zu vergessen, sondern mit nach Hause zu nehmen. Und tatsächlich, als ich fast ein Jahr später frustriert an einer schwierigen Recherche sitze,

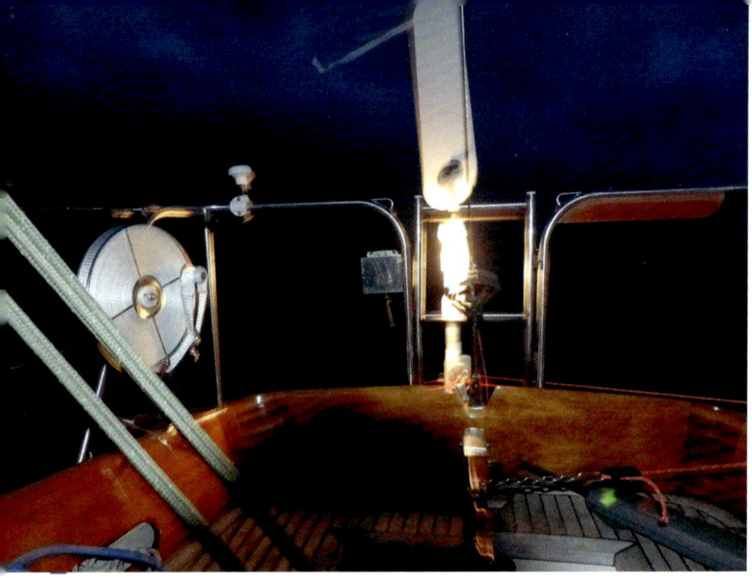

Einige Nachtfahrten ermöglichen mir, gerade zu Beginn meiner Reise große Distanzen hinter mich zu bringen.

hilft mir diese Erinnerung, etwas Licht ins Dunkel zu bringen und den Biss nicht zu verlieren. Aufgeben kommt nicht infrage. Der Nebel hält dann tatsächlich bis zur »Sonneninsel« Bornholm, wie der Touristikslogan so schön lautet. Pustekuchen, ich bin froh, dass ich die Mole von Rønne aus nunmehr 200 Meter Entfernung überhaupt erkennen kann. 30 Stunden auf See plus zwei Stunden Pause in Kühlungsborn, sieben Stunden An-

spannung und Ausguck im Nebel. Ich bin fix und fertig. Für ein Stegbier reicht es gerade noch, das Abendessen fällt allerdings aus. Todmüde sinke ich in die Koje.

Über Nacht ist der angesagte Starkwind tatsächlich aufgezogen. Bei mir schaut die Welt nach einem großen Frühstück aber schon wieder anders aus, und ich verkneife es mir, das »Zu verkaufen«-Schild am Bugkorb aufzuhängen. Den Tag über lecke ich meine Wunden und erkunde Bornholm, das zu dieser Jahreszeit noch menschenleer ist. Im Hafen bin ich der Einzige, selbst der Bezahlautomat ist noch außer Betrieb. Obwohl Bornholm für deutsche Segler ein Traumziel ist, kommt bei mir noch immer keine richtige Begeisterung auf. Vielleicht ist Dänemark einfach noch nicht weit genug weg?

Auch im Hauptort der Insel, Rønne, ist nicht wirklich viel los, und so nutze ich die Ruhe, um mir nach dem Starkwind die Erbseninseln östlich von Bornholm mal genauer anzusehen. Die müssten am Anfang der Saison doch wesentlich schöner sein als in der Hauptsaison. Und tatsächlich, Christiansø soll zu einem ersten kleinen Paradies für mich werden. Sie ist die größte der sogenannten Ertholmene, der Erbseninseln, einer

Die Festungsinsel Christiansø. Das erste kleine Paradies ist erreicht.

kleinen Felsengruppe mitten in der Ostsee. Christiansø wurde im 17. Jahrhundert zu einer Festungsinsel ausgebaut, und sämtliche Mauern, Batterien und Gebäude sind bis heute erhalten. Die ganze Insel steht unter Denkmalschutz, sodass man sich hier wie vor einigen Hundert Jahren fühlt. Obwohl der militärische Wert der Insel heute gegen null tendiert, untersteht sie nach wie vor dem dänischen Verteidigungsministerium, und alle arbeitenden Bewohner, ob Handwerker, Fischer, Postbote oder Gastwirt, stehen im Dienst der Königin.

Trotz der kriegerischen Vergangenheit ist die Insel heute ein pures Idyll voll Frieden und Stille. Neben ein paar Menschen, einigen Seehunden und Abertausenden Vögeln fühlt man sich hier weit entfernt von aller Zivilisation und von allen Problemen des Alltags. Um mich herum nur Wasser und, bei guter Sicht, am Horizont das fast noch ebenso entrückte Bornholm. Ich nutze die Gelegenheit, hier nach den langen Schlägen der letzten Tage eine Pause einzulegen. Und das lohnt sich, denn als ich so in der Plicht sitze und das Geschrei der Möwen genieße, werde ich von hinten angesprochen:

»Flottes Boot hast du da!«

Ein flottes Boot. NONSUCH auf Christiansø.

»Naja, eigentlich ist es ziemlich langsam«, erwidere ich.
»Nein, nein, flott heißt im Dänischen eher so viel wie schön!«, erwidert Roland lachend.
Roland ist Deutscher und vor einigen Jahren als Zimmermann im Dienst der Krone mit seiner kleinen Familie auf die Insel gekommen. Er bietet mir sofort einen Rundgang über die Insel an, denn Arbeitszeiten teilt man sich hier selbst ein, wie er mir zwinkernd verrät. Da ich allein unterwegs bin und auch sonst keine Segler im Hafen sind, lädt er mich anschließend auch noch zum Abendessen zu sich nach Hause ein. Roland, seine Frau und die beiden Kinder wohnen in einem Teil der großen, gelben Unterkunft, in der früher die Mannschaften untergebracht waren. »Für ein Offiziershaus muss man mindestens in dritter Generation auf der Insel leben«, lacht Roland. Wir verbringen einen netten Abend, was mit ein Grund ist, warum ich das Einhandsegeln so genieße. Denn wer allein ist, zieht einfach das Interesse sofort auf sich. Mit Besatzung hingegen sind solche Begegnungen deutlich seltener. Man bleibt dann eher unter sich.
Am nächsten Tag haben mich dann auch die anderen Inselbewohner als einen der ihren auf Zeit akzeptiert. Sie zeigen mir alle Einzelheiten der Insel und helfen mir mit der wieder mal spinnenden Technik – oder war es einfach keine gute Idee von mir, gleich einen Wasserkocher an die 12-Volt-Steckdose anzuklemmen? Das Highlight meines Besuchs kommt aber erst noch, und im Nachhinein betrachtet ist es einer der intensivsten Momente der ganzen Reise: Am Abend des zweiten Hafentags möchte ich mir den Sonnenuntergang auf den Felsmauern der Nachbarinsel Frederiksø anschauen. Die Klippen unter mir, das Wasser und der Horizont vor mir, gute Musik auf dem einen Ohr, das Meeresrauschen und das Geschrei der Möwen im anderen und eine Dose Bier in der Hand. Mehr geht nicht! Ein purer Glücksmoment. So sehr wie noch nie in den letzten Tagen nehme ich all die Geräusche und den Geruch des Meeres wahr. Reine Begeisterung. Im Hier und Jetzt zu leben, das gelingt mir hier zum ersten Mal so richtig. Ich fühle mich nach den langen Schlägen der letzten Tage schon so, als ob ich eine riesige Strecke hinter mir hätte, und doch ist das erst der Anfang. Bastian Hauck sagt über diesen Flecken Erde, dass er sich frage, warum er so weit fahren musste, um einen der schönsten Flecken der Ostsee direkt vor seiner Haustür zu finden. Unheimlich schön ist es hier tatsächlich, lieber Bas-

Ein Video »Nachtfahrten, Sonnenuntergänge und Paraden« zu diesem und dem folgenden Kapitel finden Sie unter www.delius-klasing.de/segelsommer.

tian, da hast du nicht zu viel versprochen, aber direkt vor der Haustür ...?!
Nachdem ich mich an Bastian Haucks Worte erinnert habe, bin ich nur noch gespannter auf die kommenden Erlebnisse, denn als ich so auf den Sonnenuntergang und die am Horizont vorbeiziehenden Schiffe auf dem Weg in die zentrale Ostsee blicke, wird mir das erste Mal so richtig klar, dass ich aufgebrochen bin, dass fast die ganze Ostsee noch vor mir liegt und was für ein Riesenglück ich habe, dieses Abenteuer hier und jetzt angehen zu können.

Max, wie ihn sein bester Freund Pit vor der Abfahrt sieht

Ich kenne Max als einen ruhigen, lebensfrohen Menschen, der versucht, aus jeder Situation das Beste zu machen, und der einen immer tatkräftig unterstützt. Eben ein echter Freund, auf den man sich verlassen kann, und ein Mann für alle Fälle. Der Stress in der Uni und bei der Arbeit hat nur leider in der Zeit vor seiner Reise dazu geführt, dass er sich verändert hat. Für mich hatte es den Anschein, dass er sich zurückzog, sich nicht mit der Außenwelt beschäftigen wollte, nur noch für Jura lebte und dabei immer unruhiger wurde. Denn ohne Ausgleich funktioniert das ja auch nicht richtig. Ohne Ende beschäftigte er sich damit, was er hätte besser machen können bzw. wie es nun weitergehen würde, und merkte dabei nicht, dass er immer weniger Zeit für Freunde, Spaß und solche Dinge hatte. Offen gesagt wurden seine Leistungen dadurch auch nicht besser. Als ich von seiner Idee hörte, einen mehrere Monate dauernden Segeltrip zu machen, war ich zunächst skeptisch, ob das in dem Moment das Richtige für ihn wäre. Wäre das nicht noch mehr Arbeit? Mir war aber auch klar, dass er etwas brauchte, was ihn auffangen, was ihn vorantreiben würde. Mal abgesehen von meiner Wenigkeit, die versucht hatte, ihn wieder dort hinbringen, wo er hingehört. Letzten Endes habe ich dann aber eingesehen, dass das Segeln in dem Moment das Richtige für ihn war, um ihm Zeit für sich selbst zu geben und seine Gedanken zu ordnen.

Mein zweiter Abend auf Christiansø sollte einer der schönsten der Reise werden. Ein traumhafter Sonnenuntergang untermalt dieses großartige Gefühl, aufgebrochen zu sein ...

NEWYORKER
LONDON
ЕВРОПА

Auf zu neuen Ufern (Polen und Kaliningrad)

16. April bis 5. Mai, 666 Seemeilen

Aus dem Logbuch:

26. April 2014, auf See, Danziger Bucht | 16. Seetag, 593 Seemeilen

Zweiter Versuch nach Russland. Zunächst geht es nach Gdynia zum Ausklarieren. Dort werde ich dann noch auf eine Pizza bei den Jungs und Mädels von der Marina Sopot eingeladen.

Gegen 22 Uhr dann Aufbruch. Diese Nacht ist wesentlich dunkler als die der letzten Nachtfahrt Mitte April. Nicht verwunderlich – Neumond. Trotzdem aber interessant, wie der Zustand »dunkle Nacht« voneinander abweicht.

Die Nacht selbst beginnt spannend. Es ist wenig Wind, aber unheimlich viel Verkehr. Genau dann, als ich das Verkehrstrennungsgebiet passieren will, kommt dort natürlich nicht nur ein polnisches Schnellbootgeschwader, sondern auch noch ein 400-Meter-Klopper in Form der EDITH MAERSK *an. Ich fühle mich wie beim nächtlichen Überqueren einer Autobahn, wenn plötzlich Michael Schumacher und ein Bataillon Panzer gleichzeitig ankommen. Spannend alles.*

Ich hätte es ohne Probleme noch länger auf den Erbseninseln ausgehalten, aber der Wind für den nächsten Tag verspricht eine perfekte Überfahrt nach Polen. Und schließlich hat mich doch jetzt das Entdeckerfieber gepackt. Darüber hinaus will halber Wind mit drei Beaufort, später raumschots vier Beaufort, einfach genutzt werden. Unter dem Winken von Rolands Kindern werfe ich daher am Nachmittag die Leinen los. Ein neues Land liegt vor mir. Der Tag vergeht ganz entspannt, wie das beim Einhandsegeln bei gutem Wetter so ist: Die Windfahne eingehängt, die Segel getrimmt, eine Tasse Tee in der Hand und dann entweder lesen oder einfach vor sich hinschauen. Heute entscheide ich mich für Letzteres, genieße das Gluckern des langsam vorbeiziehenden Wassers und bekomme auf einmal einen Riesenschreck. Denn meine über Bord baumelnde Hand berührt irgendwann das Wasser und erfriert dabei fast. Es ist halt doch erst Mitte April und weit im Norden, im Bottnischen Meerbusen, soll es sogar noch Eis geben. Das bleibt aber meine einzige Konfrontation mit dem Wetter heute.

Als sich der Tag dem Ende zuneigt, gönne ich mir ein Seglergedeck (Dose Ravioli, Dose Bier) und bereite mich auf die kommende Nacht vor. Zwei Lagen Unterwäsche anziehen, eine Thermoskanne voll mit kochendem Wasser füllen, um sowohl Kaffee als auch Fertigsuppe schnell zubereiten zu können, Stirnlampe mit Rotlicht rauskramen und noch mal schnell 20 Minuten schlafen, bevor die Sonne untergeht. Wieder mal ist es der mindestens schönste Sonnenuntergang der Reise, wobei heute auch etwas Wehmut mit im Spiel ist. Denn ich fühle mich etwas einsam, was wohl vor allem mit den, abgesehen von Christiansø, bisher sehr leeren Häfen und Orten zutun hat. Ich bin eigentlich viel zu früh unterwegs, überall ist noch Winterschlaf angesagt.

Ein neues Land liegt vor mir.

Das nächste 20-Minuten-Nickerchen erlöst mich aber vom Nachdenken. Die Nacht bleibt ruhig, doch leider war die frierende Hand am Nachmittag nur der Auftakt, denn die Temperatur sinkt in dieser Nacht bis auf 1 °C ab. Doch hier draußen, auf halbem Weg zwischen Bornholm und der polnischen Küste, hält die Nacht ein besonderes Schauspiel für mich bereit. Sie ist besonders dunkel, was zum einen daran liegt, dass fast Neumond ist, zum anderen fehlt hier jede Spur von Zivilisation.

Flagge zeigen im Hafen von Gdynia – Cuxhaven und Hamburg wehen einträchtig am Vorstag.

Hier sind weit und breit keine Städte, die mit ihren Lichtern die Augen blenden. Und so kann ich in dieser Nacht Abertausende Sterne sehen. Gefühlt passt nur ein Stecknadelkopf zwischen zwei einzelne Sterne am Himmel. Fast schon kann man keine Sternzeichen mehr ausmachen, weil der Himmel einfach zu übersät ist. Dieses Schauspiel lenkt mich lange Zeit von der Kälte dieser Nacht ab. So ab vier Uhr morgens wird es dann aber trotzdem langsam sehr unangenehm, denn irgendwann kriecht die Kälte auch in die letzte Schicht Klamotten. Selbst eine heiße Suppe hilft dann nicht mehr viel. Die ersten Sonnenstrahlen wirken dann wie ein warmer Luftstrom direkt ins Gesicht.

Erste Amtshandlung des Tags ist das Setzen der polnischen Gastlandflagge und ein Frühstück in Form von ein paar noch auf Christiansø zubereiteten Broten und Orangensaft mit Kaffeeresten. Ein bisschen Kaffeesatz schwimmt wohl immer im Becher eines Einhandseglers, denn ansonsten müsste man ja zwei separate benutzen und abspülen.
Die restliche Zeit bis zum Hafen von Łeba vergeht wie im Flug. Nach 26 Stunden bin ich das erste Mal mit dem eigenen Schiff in Polen. Mein persönlicher Abenteuerindex steigt. Mein erster Kontakt mit den Polen ist gleich rührend freundlich. Während ich zur komplett leeren Marina motore, sehe ich eine Gestalt – offenbar der Hafenmeister –, die den Rasen vor dem Hafen-

gebäude mäht. Als er mich bemerkt, lässt er alles stehen und liegen, um mir beim Anlegen zu helfen. Als ich dann gleich bezahlen will, lässt er mich warten, nur um vorher noch so schnell wie möglich die deutsche Gastlandflagge zu setzen. Obwohl er leider geschätzt nur fünf Worte Englisch versteht, begießen wir seinen ersten Gast des Jahrs erst einmal mit einem dänischen Dosenbier. Anschließend klappe ich mein Faltrad auseinander, um eine kleine Tour durch den Ort zu machen. Dessen Charme lässt sich am ehesten als spätsozialistisch beschreiben, ganz abgesehen davon, dass auch hier noch alles im Winterschlaf liegt. Also mache ich mich lieber zu den gigantischen Sanddünnen in einiger Entfernung auf. Dort bin ich komplett allein, und es ist so still, dass ich den Wind hören kann. Der Sand ist zwar noch kalt, aber ich fühle mich wohl und freue mich einmal mehr darüber, aus dem Unialltag ausgebrochen zu sein. Die Strafe für zu viel gute Laune folgt dann aber leider mal wieder auf dem Fuß. Mein Fahrrad hat einen Platten, sodass ich es unter wüsten Flüchen zehn Kilometer zum Hafen zurückschieben muss. Gut, dass die Hafenkneipe noch geöffnet ist.

Sonnenuntergang auf See. Es geht gen Polen und in eine sternenklare Nacht.

Auch im nächsten Hafen, Władysławowo, ist nichts los. Die geöffnete Pizzeria ist schon das absolute Highlight. Wenigstens stimmt das Wetter, denn die polnische Küste ist nicht ohne.

Die Dünen von Leba sind im April noch menschenleer. Der Sand an den Füßen dafür noch eiskalt.

Keine Buchten oder Ähnliches zur Deckung, meist auflandiger Wind mit flachen Gewässern vor der Küste sowie Grundseen und regelmäßige Distanzen von 40 Seemeilen zwischen den Häfen lassen mich vermuten, dass ich hier weder beim falschen Wetter festhängen geschweige denn draußen sein will. Es ist ein bisschen wie an der Nordsee. Umso froher bin ich, als ich am folgenden Tage Gdynia und damit die Danziger Bucht erreiche. Das ist zumindest ein halbwegs geschütztes Gewässer.

Gdynia ist eine Großstadt und eng mit der polnischen Geschichte verknüpft. Ich freue mich, wieder mehr als zwei Menschen pro Tag zu sehen, besuche ein paar Marineschiffe, gehe einkaufen und schaue mir die Stadt im Stil der 1920er-Jahre an. Obwohl ich eigentlich mal wieder einen Tag Pause bräuchte, zieht es mich gleich am nächsten Morgen weiter, denn ein Hafenmeister ist weit und breit nicht zu sehen. Und damit gibt es auch keine Dusche. Der Hafen des kleinen, traditionellen Seebads Sopot, zwischen Danzig und Gdynia gelegen, soll jedoch bereits voll geöffnet sein. Außerdem gibt es bestimmt schlechtere Orte als einen klassischen Urlaubsort für das Osterwochenende.
Das Hafenbecken in Sopot ist dann aber doch fast komplett leer. Und als ich einlaufe, rennt eine Gestalt vom Hafenmeisterbüro

in Richtung der Stege. »Oh nee, doch geschlossen!«, ist mein erster Gedanke, und ich male mir bereits aus, wie ich zu verhandeln versuche, um doch hierbleiben zu können – ich denke halt doch noch manchmal wie der angehende Jurist. Wie sich dann aber herausstellt, kann ich mich ganz entspannen. Während ich gerade dabei bin, in aller Ruhe festzumachen, kommt der Hafenmeister bei mir an und reißt mir einen Festmacher aus der Hand. Noch bevor ich ihn fragen kann, ob er spinnt und ich hier unerwünscht bin, hat er ihn auch schon belegt und nimmt den letzten an. Er will mich nicht etwa verscheuchen, sondern sich dafür entschuldigen, dass er mich nicht früher gesehen hat und helfen konnte. Ich werde immer mehr zum Fan polnischer Yachthäfen. Denn neben den zumeist günstigeren Preisen als bei uns wird hier auch noch ein ganz anderer Service geboten.

Die Altstadt von Danzig ist traumhaft restauriert ...

Nach der dringend notwendigen Dusche genieße ich das Treiben im Hafen. Dieser liegt am Ende einer Seebrücke und jetzt, am Ostersonntag, flanieren zahlreiche Stadtbewohner um den Hafen herum. Endlich etwas Leben! Ich genieße bei herrlichem Wetter die Szenerie und das Spektakel, verputze ein von Mama eingepacktes Osternest und mache mich dann auf, den Ort zu erkunden. Wo ein richtiger Ferienort ist, da mangelt es auch nicht an Bars und Clubs, und da ist an Ostern die Hölle los. Als Deutscher allein unterwegs falle ich hier ungefähr so auf wie ein Weihnachtsbaum an Ostern. Es dauert also nicht lang, bis ich Anschluss finde.

Tags drauf komme ich auch noch mit den Hafenmeistern ins Gespräch, von denen es hier gleich mehrere gibt, die sich den Tag hindurch abwechseln. Fast alle sind Studenten, die mir anbieten, mich durchs Danziger Nachtleben zu führen. Besser kann es ja gar nicht laufen! Also auf nach Danzig!

Bereits die Einfahrt von Danzig ist ein Erlebnis. Bis man in die Stadt gelangt, fährt man mehrere Seemeilen durch den Hafen, wo es an jeder Ecke etwas zu sehen gibt. Bis ich in der Marina in der Altstadt komme, geht es vorbei an der Westerplatte, an der Weichselfestung, die die mittelalterliche Keimzelle Danzigs sein soll, an der Werft, auf der Lech Walesa gewirkt hat, sowie an geschätzt 253 Seelenverkäufern. In der Stadt werde ich schon vom Sopoter Hafenmeistertrupp erwartet, der mich sofort einmal durch die gesamte Altstadt schleift. Die ist auch wirklich sehenswert. Denn auch wenn ich schon so einiges

Maritime Geschichte in Gdynia. Das polnische Segelschulschiff DAR POMORZA (Geschenk Pommerns).

ANNO 1605
1668 RENOVATUM 1887

DAR POMORZA
GDYNI

über die hervorragende Arbeit der polnischen Restauratoren der vergangenen Jahrzehnte gehört habe, so ist es doch etwas anderes, sie dann mit eigenen Augen zu sehen.
Am Abend folgt dann der unvermeidliche Ausflug ins Nachtleben. Und der ist wirklich entspannt, denn irgendwie feiern und trinken die jungen Polen deutlich angenehmer und fröhlicher als der deutsche Nachwuchs. Ich habe jedenfalls den ganzen Abend hindurch keine einzige Schnapsleiche gesehen, dafür aber durchgehend gute Laune. Kontakte lassen sich leicht schließen, und so wird die Nacht kurz. Leider wird sie noch kürzer als gedacht, da ich um acht Uhr, nach ganzen drei Stunden Schlaf, mit lauten Schlägen an den Rumpf geweckt werde. Durchs Salonfenster sehe ich nicht weniger als zehn Beine in Tarnanzügen und fünf Pistolen, daneben den Hafenmeister. Der erste Schock legt sich dann aber schnell. Ich hatte bei der Anmeldung angegeben, dass ich als Nächstes nach Kaliningrad möchte, das in Russland, also außerhalb der EU liegt. Der Hafenmeister hatte aber blöderweise verstanden, dass ich von Kaliningrad komme, und vorsorglich den Zoll zum Einklarieren gerufen. Nach einem kurzen Blick ins Logbuch klärt sich die anfängliche Verwirrung, und der Hafenmeister kassiert von den Uniformierten noch einen bösen Blick. Wohl ganz umsonst vom Morgenkaffee aufgestanden ...
Überhaupt bin ich trotz Danzigs Verlockungen mit den Gedanken schon ganz woanders. In Russland nämlich. Ich habe mir vor der Abreise vorsorglich ein Visum für Russland besorgt, ohne genau zu wissen, ob ich dort überhaupt landen würde. Jetzt aber hat mich das Abenteuerfieber gepackt, und ich kann es kaum erwarten, dorthin aufzubrechen. Nach Russland mit dem eigenen Boot. Das ist in meinen Augen vielleicht das letzte bisschen Abenteuer, das man in Europa noch erleben kann. Ein mir völlig unbekanntes Land, über das ich schon viele Horrorgeschichten bis hin zu Bootsdurchsuchungen mit vorgehaltener Kalaschnikow gehört habe. Also mal sehen, was da wirklich dran ist.

Der polnische Zoll beruhigt mich beim Ausklarieren trotz der Freundlichkeit nicht wirklich, denn statt der erwarteten Frage nach Alkohol, Drogen und Waffen mit »Do you have any questions?« und »Good luck with the Russians!« verabschiedet zu werden, irritiert mich schon etwas. Leider macht mir dann das Wetter einen Strich durch die Rechnung. Denn kaum bin ich

Der Stadthafen Danzig liegt mitten in der Altstadt vor dem historischen Krantor.

aus dem Danziger Seekanal heraus, kommen die Wellen derartig von vorn, dass die NONSUCH Bocksprünge macht und der Kaffeebecher nicht nur umfällt, sondern wie wild geworden durchs Cockpit hüpft. Also drehe ich lieber nach Sopot ab, wo mich der Wachmann – alle Häfen werden hier rund um die Uhr bewacht – grinsend mit »Back so soon?« begrüßt. Vermutlich hält er mich wohl auch für ein bisschen bescheuert, um zwei Uhr nachts bei NW 6–7 überhaupt draußen zu sein. Den nächsten Tag ärgere ich mich, einfach aufgegeben und abgedreht zu haben. Auch wenn das wohl die richtige Entscheidung gewesen ist, beißt sich das irgendwie mit dem Leistungsgedanken, der immer noch ein Teil von mir ist.
Nach einem Tag Wundenlecken in Sopot, einer letzten Grillparty mit den Polen und einem Abstecher nach Gdynia zum Zollbüro geht es dann am Abend des 26. April endgültig los. NONSUCH und ich sind auf dem Weg nach Russland.

Ich glaube, ich war bisher vor keiner Abfahrt dermaßen aufgeregt. Wie wird wohl alles ablaufen? Im Frühjahr 2014 ist die politische Situation zwischen Deutschland und Russland durchaus angespannt, aber ich denke, etwas Schlimmeres, als dass ich einfach wieder nach Hause geschickt werde, kann mir eigentlich nicht passieren.

Die Nacht ist spannend. Nachdem ich endlich das Verkehrstrennungsgebiet in der Mitte der Danziger Bucht passiert habe, werden die Fischkutter immer zahlreicher. Am Ende drehen sie sogar Kreise um mich herum und ich habe keine Chance, ihnen irgendwie aus dem Weg zu gehen. Und auf Funk reagiert auch niemand. Wie gut, dass ich ohnehin viel zu aufgeregt bin, um wirklich Schlaf zu finden. Gegen Morgen erscheint dann die Grenzlinie auf dem Plotter. Daher setze ich den ersten Funkspruch ab, damit niemand von mir überrascht ist. Aber offenbar scheint meine Anwesenheit noch niemand zu interessieren. Also hisse ich erst einmal die russische Gastlandflagge zusammen mit der Q-Flagge zum Einklarieren und schaue sie minutenlang an. Denn wo normalerweise maximal der Dannebrog während der Urlaubstörns in der dänischen Südsee weht, steht nun die russische Trikolore. Irgendwie kann ich noch nicht so recht glauben, dass ich jetzt wirklich hier bin, aber es scheint sich wohl zu lohnen, auf seine inneren Wünsche zu hören. Und so komme ich aus dem Grinsen gar nicht mehr raus.

Nun kann das eigentliche Abenteuer Russland beginnen!

Als die russische Küste schon in Sicht ist, melde ich mich kurz vor Baltijsk bei Baltijsk Traffic Control, der Revierzentrale und Schiffslenkung, per Funk. Dieses Mal reagiert man und erteilt mir sofort Erlaubnis zur Weiterfahrt. Der Funkspruch wird sogar mit einem lauten »Welcome to Russia!« beendet. Offenbar scheine ich also willkommen zu sein! Kaliningrad, das bis 1946 Königsberg hieß, liegt einige Kilometer landeinwärts. Die Einklarierung für das Kaliningrader Gebiet erfolgt im vorgelagerten Hafen von Baltijsk. Baltijsk, auf Deutsch Pillau, ist übrigens auch Heimat der Baltischen Flotte der russischen Marine.

Noch nie vorher war ich in Russland. Während ich also durch die gigantischen Molenköpfe stampfe und die zu diesem Moment so gut passende Titelmusik von *Jagd auf Roter Oktober* das Schiff erzittern lässt, betrachte ich neugierig die ersten Menschen und Gebäude. Bald dann auch die ersten Ausläufer des riesigen Marinestützpunkts, wo das Erbe der Sowjetunion langsam vor sich hin rottet. Wegen dieses Marinestützpunkts ist die gesamte Stadt Sperrgebiet und darf von Ausländern, außer für die Zollabwicklung, auch heute noch nicht betreten werden. Nichtsdestotrotz kann man im Vorbeifahren einen

Blick auf die russische Marine werfen. Ich finde so etwas immer sehr spannend.
Ganz am Ende des Stützpunkts ist die Zollpier. Dort wurde extra für Yachten eine Spundwand mit Holz verkleidet, es ist alles zwar etwas rott, aber wenigstens bemüht man sich hier. Ich lege also an und sehe erst mal nichts. Aus Erfahrungsberichten weiß ich, dass man lieber nicht an Land herumläuft, denn das mag der russische Zöllner nicht sonderlich. Also warte ich ab. Nach fünf Minuten taucht dann auch der erste Uniformierte auf und bittet mich kurz um Geduld, die Kollegen würden gleich kommen. Ich biete Tee oder Kaffee an, aber das lehnt der Mann ab. Da er nicht gut Englisch und ich kein Russisch spreche, schweigen wir uns an. Ich bin angespannt und fühle mich wie vor einer Prüfung, für die ich nicht gelernt habe.
Nach einigen Minuten kommen dann zwei Kollegen, von denen der mit dem riesigen Hut von der Einwanderungsbehörde ist. Alles läuft sehr korrekt und bürokratisch ab. Das einzige Hindernis ist die Sprachbarriere, da alle drei nur ganz wenige Worte Englisch sprechen. Mit einigen Brocken Englisch, Deutsch, ein paar russischen Wörtern, Händen und Füßen ist das alles aber kein Problem. Auch der Zöllner mit seinem noch viel größeren Hut ist total entspannt. Er will nur einmal im Schnelldurchgang das Schiff von innen sehen und ist nach drei Minuten schon wieder draußen. Auch die genaue Menge Bargeld und die zwei Flaschen Schnaps zu viel interessieren niemanden. Daher bin ich dann zwei Crewlisten, eine Passkopie und eine Flaggenzertifikatskopie später komplett abgefertigt. Alles in allem kann ich nach 45 Minuten meine Fahrt durch den Seekanal von Königsberg nach Kaliningrad starten. Meine Angst vor dem russischen Zoll war also völlig unbegründet. Und nun kann das eigentliche Abenteuer Russland beginnen!

Manchmal wirkt es in der Kaliningradskij Rajon (Region), als wäre die Zeit schon vor Jahrzenten stehengeblieben.

Schon von der ersten Minute im Seekanal an bin ich wirklich in einer anderen Welt. Alles wirkt verfallen und doch irgendwie verwunschen. Urwaldartige Gegenden, verlassene Werften, verrostende Schiffe, Angler am Uferrand. Ich schaue mich wie ein kleiner Junge neugierig um und freue mich auf die Stadt. Denn obwohl ich die ersten Tage auf dem Boot genossen habe, habe ich seit Danzig irgendwie wieder Freude an den Segnungen einer Stadt gefunden. Etwas flanieren, ein paar Sehenswürdigkeiten ansehen, abends ein guter Club oder ein paar Bars – was man halt so macht.

Die Citymarina gefällt mir dann allerdings leider gar nicht. Der Wachmann, der die Leinen annimmt, ist zwar wirklich nett, aber es gibt weder Duschen noch Toiletten und das gesamte Gelände hat eher den Charme einer Hinterhofwerkstatt in Brooklyn. Also geht es zurück zum Vereinshafen der Kaliningrader Segler im Frischen Haff. Der Weg dorthin ist zwar nicht ausgetonnt und die Karte stimmt auch nicht, aber die Wegpunkte, die mir der Wachmann genannt hat, sind richtig. Die Anfahrt ist durchaus abenteuerlich, aber danach bin ich endlich fest in Russland. Die russischen Segler befinden sich auch noch im Winterschlaf und sind höchstens dabei, ihre Boote anzustreichen, aber das tut der Herzlichkeit keinen Abbruch. Noch bevor der letzte Festmacher belegt ist, erscheinen wie aus dem Nichts eine Flasche Wodka und russischer Tee mit Honig. Da Kaliningrad zu Sowjetzeiten selbst von Russen nur mit Sondergenehmigung bereist werden durfte war, ist es hier bis heute mit der Internationalität nicht weit her. Selbst Englisch verstehen die meisten leider wenig bis gar nicht, aber wieder finden wir mit der Hand-Fuß-Lächel-Verständigung schnell zueinander. Schon witzig. Ich bin es eher gewohnt, dass überall dort, wo ich bisher im Ausland zum Arbeiten oder Studieren war, perfektes Englisch vorausgesetzt wird. Umso erstaunlicher finde ich es jetzt, dass man auch fast ohne Worte eine perfekte, ehrliche Unterhaltung führen kann. Vom ersten Moment an beeindruckt mich darüber hinaus die Gastfreundschaft der Russen. Da aber auch der Yachtclub keine Dusche hat, entscheide ich mich, für die Erkundung der Stadt in ein Hotel zu gehen. Ich lasse mir also genau wie Carruthers eine Kutsche, Pardon, ein Taxi rufen und bescheide dem Fahrer: »Bringen Sie mich in ein Hotel, First Class!« Naja, dafür reicht das Geld leider nicht ganz, aber das Zitat ist einfach zu gut, um es auszulassen. Wirklich viele Hotels gibt es sowieso nicht, denn der Tourismus steckt auch

Am Abend gerate ich mitten in eine russische Militärparade. Auf mich wirkt das Spektakel ziemlich unwirklich.

23 Jahre nach dem Zusammenbruch der Sowjetunion noch in den Kinderschuhen. Das steigert den Abenteuerfaktor aber nur umso mehr. Wenigstens ist das einzige dem Taxifahrer bekannte Hotel mit westlichem Standard mitten in der Innenstadt. Also durchquere ich übermüdet, mit breitem Seemannsgang und wahrscheinlich noch Salzkruste im Gesicht die Lobby und lege meine Kreditkarte auf den Tresen: »Ich habe nicht reserviert.« Das habe ich mich vorher noch nie irgendwo zu sagen getraut und das scheint dem Ausdruck der jungen Dame nach zu urteilen hier auch nicht der Regelfall zu sein. Selbst heute kommen Russen nicht einfach mal spontan hier vorbei.

Einen der Schockmomente dieser Reise erlebe ich dann am Abend, als ich noch eine Runde drehe, um mir die Stadt ein wenig anzuschauen. Die Hauptstraße vor dem Hotel ist komplett verwaist, jedoch stehen am Ende zahlreiche Polizisten herum. Meine Schritte verlangsamen sich, und als ich um die nächste Straßenecke schaue, denke ich, ich sehe nicht richtig. Wo sich noch vor zwei Stunden Autos gegenseitig angehupt haben und Kinderwagen über die Straße geschoben wurden, fahren gerade Panzer, Kanonen und Hundertschaften von Soldaten auf. Wo bin ich denn hier reingeraten? Das Ganze stellt sich allerdings recht schnell als Übung für eine Militärparade zum 9. Mai heraus. Familien schauen zu, alle lachen und sogar filmen ist erlaubt. Ich bin zu diesem Zeitpunkt jedoch erst gerade mal zwölf Stunden in Russland und war vorher noch nie in diesem für mich völlig fremden Land zu Gast. Die Parade hinterlässt daher gleich einen bleibenden Eindruck!

Doch die Stadt hält noch mehr Eindrücke für mich bereit. Am Morgen komme ich erst spät los, denn so eine Nacht im Hotel hat für einen Segler noch einen ganz großen Vorteil: Noch nie habe ich ein Frühstücksbuffet mit allem Drum und Dran so genossen wie nach einem Monat auf dem Schiff! Ausgiebig zu frühstücken, ohne Stress, ohne nasse Klamotten um einen herum und mit warmem Kaffee und Rührei, ohne vorher eine halbe Stunde am Spirituskocher herumzustehen zu müssen, ist schon Luxus. Ich nutze das Ganze dann dermaßen aus, dass ich anschließend eine kleine Verdauungspause einlegen muss. Danach geht es aber auf zur Stadterkundung.

Königsberg ist keine klassisch schöne Stadt wie Paris oder Wien, hat aber unglaublich viel zu bieten, vor allem für Geschichtsinteressierte. Die Stadt war rund 700 Jahre lang deutsch, bevor sie 1945 von Russland annektiert wurde und als Kaliningrad den westlichsten Außenposten der Sowjetunion bildete. Diese Entwicklung spiegelt sich auch im Stadtbild wieder. Das alte Königsberg wurde im bzw. nach dem Zweiten Weltkrieg weitgehend zerstört, und so dominiert heute sowjetische Architektur, die bekanntermaßen nicht immer die schönste ist, die Stadt. Es heißt oft, dass vom alten Königsberg nichts mehr übrig ist, aber das stimmt so nicht. Entlang des Mira Prospekts und in den alten Villenvierteln Amalienhof und Maraunenhof stehen noch zahlreiche historische Bauten. Natürlich nagt auch hier der Zahn der Zeit, doch ist nicht viel Vorstellungskraft nötig, um sich auszumalen, wie prächtig und schön diese Gegenden vor dem Krieg ausgesehen haben müssen. Interessant finde ich, dass die Viertel mit den alten deut-

Wer genau hinschaut sieht immer wieder Reste des alten Königsbergs.

schen Gebäuden zu den begehrteren Wohnlagen Kaliningrads gehören. Die Begeisterung für diese Häuser geht sogar so weit, dass mittlerweile in den einschlägigen Vierteln moderne, hochpreisige Neubauten im Stil der alten deutschen Bauten und nicht wie bei uns im modern-kühlen Stil errichtet werden. Das Ergebnis davon kann sich wirklich sehen lassen. Total im Kontrast zu den alten Gebäuden stehen die vielen Shoppingcenter. Es scheint, als ob die Russen da nach jahrzehntelanger Planwirtschaft einen Nachholbedarf hätten, denn in der Innenstadt drängen sich gefühlt mehr Shoppingpaläste als in Hamburg. Und das in einer Stadt mit nur etwa 450 000 Einwohnern …

Und doch sind Fremde etwas Besonderes. Mich interessiert ein Museum, das in einem mittelalterlichen Stadttor am Stadtrand untergebracht ist. Als ich dem Taxifahrer die Adresse in kyrillischer Schrift zeige, überlegt er lange, bevor er losfährt. Als wir dann in einem Viertel landen, in dem man lieber mit verschlossenen Autotüren unterwegs ist, hält er an und macht mir klar, dass er sich nicht sicher ist, dass hier wirklich ein Museum ist. Er meint, dass das hier kein guter Teil der Stadt sei und er einige Minuten warten würde, wenn ich mich umschauen möchte – und das, obwohl er direkt vor dem Stadttor steht. Selbst der Taxifahrer weiß also nicht so genau, wo das Museum, das sich mit dem Stadtbild vor 100 Jahren befasst, überhaupt zu finden ist. Abenteuertourismus pur. Die Kuratoren des Museums sind dann wegen des deutschen Besuchs so aus dem Häuschen, dass sie mich fast nicht mehr gehen lassen wollen, und ich fühle mich immer willkommener in dieser Stadt.

Deutsche und russische Architektur mischen sich und bilden ein einmaliges Stadtbild.

Als ich zurück im Hotel bin und meinen Schlüssel holen will, hält mich die Rezeptionsdame auf: »Entschuldigung, aber wenn es kein Geheimnis ist, was machen Sie eigentlich hier?« Und das in einem westlichen Hotel! Selbst dort ist man also nicht an Touristen gewöhnt und die mir entgegengebrachte Herzlichkeit wirkt dadurch umso ehrlicher. Ich fühle mich noch ein Stückchen willkommener.

Bald ist dann aber der Zeitpunkt zur Weitereise gekommen, und ich verhole mich zurück aufs Schiff, auf das die russischen Segler in den letzten beiden Tagen perfekt aufgepasst haben. Während ich mich wieder häuslich einrichte und den letzten Tag mit viel Tee in der Segelmacherei von Vladimir verbringe, entscheide ich mich das erste Mal, mich nicht von Wetter und Plänen treiben zu lassen, sondern genau das zu machen, worauf ich Lust habe. Und das ist, hierzubleiben. Einen weiteren Tag später, als sich herausstellt, dass auch Wind und Wetter fürs Hierbleiben sprechen, laufe ich also wieder federnd durch die Hotellobby und checke erneut ein. Am Ende werde ich insgesamt über eine Woche in Kaliningrad und dem Yachtclub bleiben. Das ist der längste Aufenthalt an einem Ort meiner gesamten Reise.

Am ersten Abend lerne ich in einer Disco Anna, Elena und Andrej kennen. Die jungen Studenten der Kant-Universität glauben mir zuerst nicht, dass ich allein mit dem Schiff hier bin. »Wer würde so was tun?«, fragte sich Andrej. Doch am Ende des Abends und nach einigen Gin Tonic sind wir »beste Freunde« und ich habe ortskundige Führer für den nächsten Tag gewonnen. Prima, denn auf diese Weise sehe ich wesentlich mehr als ein normaler Tourist. Sie zeigen mir den Dom, das Schifffahrtsmuseum, alte Bunker und ein Seebad an der Küste und nach einem Tag habe ich den Eindruck, ich würde halb Russland kennen. Das Spannendste an dem Ganzen ist für meine zwei Führerinnen wohl, dass ich Deutscher bin. Vorsichtig erkundige ich mich irgendwann, ob über die deutsche Geschichte der Stadt überhaupt gesprochen wird, aber Elena erklärt mir, dass die Russen sehr aufgeschlossen gegenüber Fremden sind und sich sehr für die deutsche Geschichte ihrer Stadt interessieren. Bis zum Zusammenbruch der Sowjetunion war die deutsche Vergangenheit tabu, was das heutige Interesse der Bevölkerung nur noch angestachelt zu haben scheint. Auch nennen die meisten ihre Stadt nicht Kaliningrad, was ihnen so altertümlich unbeliebt wie das mittlerweile vergessene Leningrad, heute St. Petersburg, erscheint, sondern einfach Kjonig, russisch kurz für Königsberg.

Viele Erlebnisse, Ausflüge und Kneipenbesuche später ist es dann aber doch Zeit weiterzureisen, bevor ich noch Algen oder Seepocken an den Füßen ansetze. Selbst nach einer Woche fällt mir der Abschied schwer. Auch die Segler im Yachtclub wollen mich kaum gehen lassen. Zahlreiche Geschenke und Stander werden ausgetauscht, und ich bin mir ganz ganz sicher, dass das nicht mein letzter Besuch hier gewesen sein wird. Wer sich auf Kaliningrad oder Kjonig einlässt und nicht nach dem ersten Eindruck urteilt, wird nicht enttäuscht werden. Eine letzte kleine Unsicherheit gibt es dann aber doch. Werden die russischen Offiziellen beim Ausklarieren nun ähnlich herzlich sein wie Vladimir, Alexej, Andrej, Anna und all die anderen liebenswürdigen Russen, die ich kennengelernt habe?

Das ist der längste Aufenthalt an einem Ort meiner gesamten Reise.

»Hello, Mr. Captain!«, wird diese Frage beim Anlegen in Baltijsk von einem mir lachend entgegenlaufenden Beamten beantwortet. Wir unterhalten uns eher darüber, wie mir die Stadt, der russische »Schnaps« und die russischen Mädchen gefallen haben und wo er schon überall in Deutschland gewesen ist. Das Gespräch endet mit dem Austausch von Beleidigungen, aber nicht, weil wir uns am Ende doch unsympathisch sind, sondern weil das neben »Du hast schöne Augen« häufig das Erste ist, was man in einer neuen Sprache lernt.

Selbst nach einer Woche kann ich mich nur schwer von Kaliningrad lösen. Während mich der Leuchtturm von Kap Taran am Horizont von Russland und in die Nacht verabschiedet, denke ich über die unzähligen neuen Eindrücke nach. Dabei bin ich doch erst seit einem Monat unterwegs ... Noch 66 Seemeilen bis Klaipeda. Gute Nacht!

Ein kleines Andenken an die Gastfreundschaft der russischen Segler.

Go north (Baltikum)

6. bis 25. Mai, 1136 Seemeilen

Aus dem Logbuch:

13. Mai 2014, Möntu | 23. Seetag, 941 Seemeilen
Spannender und schöner Tag. Bald nach dem Auslaufen zog mal wieder Nebel auf. In der Irbenstraße fand dann ausgerechnet ein großes NATO-Seemanöver statt. Vereinzelt tauchten die Schiffe auch kurz vor mir aus dem Dunst auf. Eines bestand später auf Kursänderung. In estnischen Gewässern, kurz vorm Hafen Möntu, klarte es auf. Endlich mal Nebelglück!
Endlich ist die anstrengende Anreisephase zu Ende. Obwohl Möntu nur eine einsame Betonmole ist, hat es durch diesen Umstand gerade eine riesige Anziehungskraft für mich. Der Hafenmeister lässt sich schnell überreden, die AMIRA und mich im eigentlich geschlossenen Hafen liegen zu lassen, und wir feiern die Ankunft zusammen.

»Sailing Vessel NONSUCH, please answer Lithuanian Coastguard«, ist das Erste, was ich am nächsten Morgen von Litauen mitbekomme. Über eine Woche war ich in Russland, und während ich langsam in Richtung Hafeneinfahrt segle, bin ich gerade mehr mit dem Handy als mit allem anderen beschäftigt. Litauen gehört zur EU, und nach einer Woche Russland bedeutet das vor allem bezahlbares Internet. Ein wenig lache ich über mich selbst: So ganz bin ich der Zivilisation und ihrer Technik wohl doch noch nicht entronnen.

Nachdem ich direkt vor dem Hafen auch ganz offiziell einklariert habe, habe ich eigentlich zunächst ans Ausschlafen gedacht. Doch unmittelbar vor mir hat die AMIRA festgemacht, nach sechs Wochen der erste Segler, den ich seit Fahrtbeginn treffe! Und dann sind es auch noch Deutsche mit einer ähnlichen Fahrtroute. Daher freue ich mich tierisch über die schon fast ungewohnte Gesellschaft im Hafen, und wir kommen alle erst am Nachmittag ins Bett. Nach der langen Nachtfahrt von Russland herüber entwickle ich immer mehr meinen eigenen Bordbiorhythmus, nach dem ich eigentlich schon seit der Ankunft gegen elf Uhr ins Bett gehört hätte.

Abgesehen von der Gesellschaft ist Klaipeda wenig spannend. Wir schauen uns gemeinsam ein wenig um, und ich komme endlich dazu, meinen Fahrradreifen zu wechseln. Das wirkliche Highlight bei einem Segelbesuch in Litauen, der Küstenort Nida auf der Kurischen Nehrung, besuche ich mangels Wind einfach mit dem Bus. Das wäre eigentlich eine relativ gute Idee gewesen, wenn nicht am selben Tag ein deutscher Kreuzfahrer in Klaipeda angelegt und seine schätzungsweise 3000 Passagiere ausgespuckt hätte, die natürlich auch alle nach Nida wollen. Von den Kameraausrüstungen, Funktionsjacken und Sandalen mit Socken einmal abgesehen, bin ich so viel deutsches Gequassel um mich herum gar nicht mehr gewohnt. Nida mit seinen riesigen Dünen und dem Thomas-Mann-Haus sollte man zwar gesehen haben, aber es fühlt sich mit all der Gesellschaft in dem kleinen, noch verschlafenen Ort für mich eher wie ein Animationsprogramm an. Daher möchte ich bald einfach nur noch weiter.

Es geht also weiter Richtung Norden. Die lettische löst die litauische Küste an Steuerbord ab. Für mich sieht sie immer noch wie die polnische aus, aber nun baumelt bereits das

Das Sommerhaus von Thomas Mann. Verewigt in seiner gleichnamigen Kurzgeschichte.

Frühling in Nida.

fünfte Mal innerhalb von vier Wochen eine neue Gastlandflagge unter der Saling. Das gehört für mich auf jedem Törn zu den Höhepunkten, auch wenn es zum zehnten Mal in einer Saison die dänische auf dem Wochenendtörn nach Marstal ist und ich eigentlich auch so weiß, wo ich gerade bin. Zum einen, glaube ich, liegt das daran, dass es einem Törn Konturen gibt. Zum anderen hat das Setzen auch etwas mit Respekt und Höflichkeit dem Gastland gegenüber zu tun. Das verdeutlicht schon die englische Bezeichnung »courtesy flag« – Höflichkeitsflagge. Viel passender eigentlich und etwas, was man erst recht nicht aufgeben sollte. Auf kurzen Törns schafft die Höflichkeitsflagge eine gefühlt noch größere Distanz zum Alltag. Auf größeren Törns wie meinem jetzt bringt das Hissen jeder neuen Flagge hingegen Fixpunkte in die Reise. Schon Thor Heyerdahl wusste zu berichten, dass Grenzen auf See nicht sichtbar seien. So

aber wird einem jedes Mal wieder bewusst, dass man es ein ganzes Stück weiter geschafft hat. Ein bisschen – ich denke, ich kann das so sagen – ist es auch eine kleine Auszeichnung für einen selber, dass man noch ein weiteres Land erreicht hat. Es macht mir jedes Mal aufs Neue Spaß, diesen winzig kleinen Brauch zu zelebrieren. Und sollte ich mich doch mal verfahren haben und die falsche Flagge hissen, bekomme ich bestimmt schnell Bescheid.

Die Dünen von Nida sind höher als so mancher Berg und bieten eine herrliche Aussicht über das Kurische Haff.

Den ganzen Tag über regnet es, und ich verbringe die meiste Zeit mit kleinen Reparaturen und dem Lesen von Reiseführern unter Deck. Die Windfahne steuert, alle paar Minuten werfe ich einen kurzen Blick rundherum, so lässt sich auch ein Regentag locker aushalten. Eigentlich müsste ich mich freuen, als der Regen nur wenige Seemeilen vor dem Hafen endlich aufhört. Nur wird er leider von meinem treuesten Begleiter in diesem Frühjahr, dem Nebel, abgelöst. Echt komisches Wetter. Fast muss ich schon lachen, nur muss ich irgendwie ja noch in den Hafen kommen. Ich entscheide mich, genauso wie schon vor Schleimünde und Bornholm, einen Anlauf zu versuchen und mich auf die Detailkarten zu verlassen. Und tatsächlich, ich schleiche mich langsam an die gigantische Hafenmauer heran

und genau dort, wo die Einfahrt sein soll, taucht sie nur wenige Meter vor mir auf. Leider ist Liepāja ein ehemaliger sowjetischer Kriegshafen, in dessen gigantischen Vorhafen die Russen bei ihrem Abzug alles versenkt haben, was sie nicht brauchen konnten. Bis heute sind lediglich einzelne Fahrwasser als Routen im Hafen (!) geräumt. Die Plotterkarten stimmen zwar bis ins Detail, aber als keine 100 Meter neben mir der Mast eines Wracks im Nebel an der NONSUCH vorbeizieht, fühle ich mich wie in einem maritimen Horrorfilm. Und als sich dann auch noch ein Frachter mit Radar und allem Pipapo über Funk nach der Sicht erkundigt und nach der Antwort lieber draußen bleibt, halte ich mich selbst für ein bisschen bescheuert und nehme mir vor, solche Experimente demnächst lieber zu lassen. Plotter hin oder her.

»Visibility in harbour is 1 or 2 cables, not more, Captain.« – »Sicht im Hafen ist 1 oder 2 Kabellängen, nicht mehr Kapitän.«

Liepāja ist nett, aber so richtige Freude will angesichts des postsozialistischen Gesichts der Stadt nicht aufkommen. An eine Weiterfahrt ist am nächsten Morgen aber auch nicht zu denken, denn die Nebelsuppe ist mittlerweile so dicht geworden, dass ich nicht mal mehr das andere Ufer des Kanals sehen kann, in dem sich der Yachtsteg befindet. Ein Auslaufen ist also unmöglich, und der Wetterbericht verspricht erst Anfang der Woche überhaupt Aussicht auf Besserung. Kurz entschlossen plane ich um: Nun wird Riga eben mit dem Bus erkundet. Das spart Zeit, und ich kann das Wochenende für das Rigaer Nachtleben nutzen, das das beste im Baltikum sein soll. Erst während der Fahrt frage ich mich, ob das wirklich so eine gute Idee war. Sightseeing bei Regen?

In Riga angekommen ist das Wetter wider Erwarten wesentlich besser. Mal wieder als Landtourist unterwegs, stürze ich mich sofort in die Altstadt. Diese ist noch größer als die von Danzig und wunderschön renoviert. Auch ist der Tourismus hier bereits weiter entwickelt. Das bedeutet zwar auf der einen Seite ein sehr umfangreiches Angebot an Restaurants und Bars. Auf der anderen Seite finden sich dann aber leider auch die unvermeidlichen Horden von geführten Touristen, Wechselstuben, und, wie überall, wo im Baltikum mehr als sieben Touristen auftauchen, zahllose Bernsteinschmuckstände. Irgendwie fand ich Danzig da doch etwas beschaulicher und authentischer. Nichtsdestotrotz ist die Altstadt der Wahnsinn. Riga gilt als Paris des Ostens und Hauptstadt des Jugendstils und tatsächlich, selbst für einen Laien sieht jedes Haus anders aus, und überall erkennt man neue Formen der Dekoration.
Der ganze Rummel bringt noch andere Nachteile mit sich. Ob das daran liegt, dass Riga ganz auf Tourismus ausgerichtet ist? Nach Kaliningrad, wo jeder Tourist ein einzelner willkommener Fremder war, bei dem man nicht so recht wusste, was man mit ihm anstellen soll, wirkt das hier alles jedenfalls etwas arg kommerziell. Oder liegt das am Ende vielleicht doch eher daran, dass mich die NONSUCH schon wieder ruft? Entwöhne ich mich langsam vom Landleben?
Das Wochenende als Bustourist vergeht jedenfalls schnell, und zurück an Bord in Liepāja finde ich an Bord eine Notiz: »Grüße von AMIRA, 11.5., 1200, abgelegt nach Pavilosta.«
Das war ja gestern! Da hat es Roland und Renate wohl auch nicht lange hier gehalten, und am nächsten Morgen mache ich

Ein Querschnitt durch die lettische Architektur. Liebevolle Details meet Industriecharme ...

mich früh auf, um den beiden nachzujagen. Wo zwei Boot sind, ist ja schließlich eine Regatta, und wenn ich die beiden einholen will, muss ich es heute bis nach Ventspils schaffen. Und das möchte ich unbedingt, da ich ihre Gesellschaft schon nach einer Begegnung schätze. Segler freunden sich halt im Allgemeinen immer sehr schnell an.

Den ganzen Tag über lehne ich mit dem Fernglas auf der Sprayhood. Langsam wird es endlich wärmer, sodass die Segeltage nicht mehr bloße Fortbewegung, sondern Spaß und Entspannung bringen. Die zentrale Ostsee hier vor Lettland ist schon etwas anderes als die Kieler Bucht. Obwohl nur moderate Winde wehen, steht eine durchaus beachtliche Hintergrundwelle mit bestimmt anderthalb Metern. Jedoch stört die hier überhaupt nicht, da sie durch das tiefe, offene Wasser richtig schön lang ist. Das ist segeln wie auf dem offenen Meer. Ich genieße das Knarzen und rhythmische Auf und Ab des Schiffs und stelle zufrieden fest, dass meine Vermutung in Riga, dass ich immer mehr zum Bootsmenschen werde, wohl richtig ist. Es gibt für mich keine angenehmere Bewegung als dieses Schaukeln des Schiffs in der See. Hier gehöre ich hin.

Ein paar Worte zu meinem Schiff

Der Name NONSUCH kommt aus dem Altenglischen und bedeutet »unvergleichbar« oder »ohne Gleichen«. Nonsuch ist auch der Name des Flaggschiffs des britischen Ostseegeschwaders in einem der Hornblower-Romane. Unvergleichlich ist dieses Schiff tatsächlich, denn von dieser Ausführung der Sirius 26 wurden nur knapp 20 Exemplare gebaut. Deck und Aufbau bestehen komplett aus Holz, so richtig mit schön klassischen Deckswrangen anstatt eines GFK-Unterdecks. Ich habe das Schiff schon vor einigen Jahren recht günstig gekauft, als ich eigentlich auf der Suche nach etwas Schnellerem war. Aber irgendwie hat mich diese Sirius sofort berührt – klassischer Fall von Liebe auf den ersten Blick. Als ich sie das erste Mal gesehen habe, habe ich sofort aufgehört, nach anderen zu schauen. Es störte mich auch nicht, dass ihr Zustand nicht besonders gut war und ich viele Hundert Arbeitsstunden investieren musste. Mittlerweile kann sich die Kleine aber wirklich sehen lassen, und wenn sich im Sommer beim Anlegerbier die Sonne im Lack spiegelt, ist jede Anstrengung im Winter sowieso vergessen. Die NONSUCH ist für mich also mindestens das schönste Schiff auf der ganzen Ostsee. Und genug Platz für mich hat sie auch. Selbst ein Wochenende zu zweit oder dritt ist kein Problem. Ich könnte mir also kein besseres Schiff dieser Größe für meine Tour vorstellen. Hier noch ein paar technische Daten:

Länge: 7,90 Meter
Breite: 2,75 Meter
Tiefgang: Schwert, 0,95 bis 1,70 Meter
Verdrängung: 2,1 Tonnen
GFK-Rumpf mit Holzdeck und Holzaufbau
Segelfläche am Wind: 28 Quadratmeter
Großsegel: 14 Quadratmeter
Fock: 14 Quadratmeter
Genua I: 22 Quadratmeter
Sluptakelung
Motor: Yanmar 1GM10, 6,8 Kilowatt
Baujahr: 1984
Heimathafen: Cuxhaven

Vollmond in Kuressaare (Estland).

Wo ich jedoch absolut nicht hingehöre, ist Ventspils. Mein letzter Hafen in Lettland ist leider der schlechteste der gesamten Reise und dazu noch teuer. Ganze 18 Euro will der Hafenmeister für das Sieben-Meter-Schiff breit grinsend von mir haben. Und das für absolut nichts. Das Umfeld ist das eines Industriehafens, es gibt keinen Strom, und aus den »Duschen« sind Roland und ich aus hygienischen Gründen gleich wieder rückwärts rausgegangen, damit uns nichts anspringt. Wenigstens stimmt uns der mal wieder schönste Sonnenuntergang der Reise milde. Auch nach Lettland werde ich gern wiederkommen.

Der Trip nach Estland wird ereignisreich, und nur eine Stunde nach dem Ablegen gesellt sich ein alter Bekannter zu mir: Nebel. Wir haben uns das letzte Mal ja erst in Liepāja gesehen und haben uns mittlerweile recht wenig zu sagen. Ich kann seinen Besuch gerade auch wirklich nicht gebrauchen, ist doch die Irbenstraße, die Meeresenge, die Saaremaa vom lettischen Festland trennt, stark befahren. Aber nun gut, das AIS läuft ja. Immer mehr Schiffe erscheinen auf dem AIS, am Ende dämmert es mir dann: Knapp 20 der Schiffe um mich herum sind Kriegsschiffe aller Art. Hier findet gerade das politisch groß angekündigte NATO-Seemanöver statt! Und ich fahre im dicken Nebel bei Sichtweiten um die 300 Meter mittendurch. Ich zweifele an meinem Geisteszustand, aber nach Ventspils, einem stark befahrenen Industriehafen, umzukehren, wäre auch nicht sicherer. Zwischen den Nebelschwaden bekomme ich sogar das eine oder andere Kriegsschiff zu sehen. Briten, Schweden, Esten, Letten, Deutsche, Polen, Norweger, Dänen, alle sind sie hier versammelt.

Ein Video »Bootsrundgang« finden Sie unter www.delius-klasing.de/segelsommer.

»Sailing Vessel NONSUCH, this is Swedish Warship M77 on Channel 16«, krächzt es dann auch irgendwann aus dem Funkgerät. Ein ankernder Minenleger liegt direkt auf meinem Kurs und möchte mit einem Kilometer Sicherheitsabstand umfahren werden. Kein Problem, mache ich. Ich korrigiere schnell leicht den Kurs, sodass der kalkulierte Passageabstand 1600 Meter beträgt. Alles gut. Wenn sie dann nicht plötzlich den Anker gehievt und voll in meinen Kurs gebrettert wären. Ich schüttle leicht den Kopf, fahre einen Zacken, und dann ist es auch schon vorbei. Ich will ja auch nicht stören ... Während der gesamten Aktion habe ich die M77 übrigens bei etwa 100 Meter Sicht nur virtuell auf dem Kartenplotter als AIS-Signal gesehen. Wieder einmal hat sich der Transponder bezahlt gemacht. Das Gerät ist wirklich sein Gewicht in Gold wert.

Umso froher bin ich, als ich endlich im Hafen von Möntu ankomme. Viel gibt es hier nicht zu sehen, aber ich habe die Insel Saaremaa erreicht. Und damit markiert Möntu das Ende der vielleicht anstrengendsten und langwierigsten Etappe dieses Sommers. Seitdem ich Christiansø verlassen habe und an der polnischen Küste gelandet bin, habe ich nur eine endlose, eintönige Küste mit Baumstreifen und davorliegendem Strand an Steuerbord vorbeiziehen gesehen. Es gibt nur wenige Häfen, die regelmäßig 50 Seemeilen oder sogar noch

Die Gewässer rund um Saaremaa sind flach und steinig. Um so gemeiner, wenn die Ansteuerungstonne fehlt …

mehr voneinander entfernt sind. Bei Schlechtwetter ist man also regelrecht aufgeschmissen und die Etappen sind dementsprechend anstrengend. Lange Nachtfahrten, und wenig fürs Auge. Auf diesen Etappen kann viel schiefgehen, gerade mit einem kleinen Boot. Man könnte unterwegs in schlechtes Wetter geraten, technische Probleme bekommen oder tage- und wochenlang in Häfen eingeweht sein. Umso erleichterter bin ich, dass ich jetzt endlich in die estnische Inselwelt eintauchen kann.

Gut, dass Abruka quasi direkt auf dem Weg nach Kuressaare, dem Haupthafen auf Saaremaa liegt. Mir ist jetzt gerade so richtig nach kleiner, gemütlicher Insel. Der Plan hat nur leider einen gravierenden Nachteil: Die Gewässer rund um Saaremaa sind sehr flach und voll mit Felsen aller Größen. Und natürlich fehlt genau da, wo ich hinwill, die Ansteuerungstonne. Ein weiterer *Das-Rätsel-der-Sandbank*-Moment meiner Reise, denn auch dort fehlt die Ansteuerungstonne am Hafen Bensersiel. In dem Fall ist das allerdings Absicht, um Schiffe auf Grund zu locken. Für den, der das Buch nicht kennt: Es handelt von den zwei Freunden Davies und Carruthers, die im Jahre 1903 auf einem Schiff namens DULCIBELLA in geheimer Mission durch das deutsche Wattenmeer segeln. Als solches ist es quasi die Bibel aller Seglerromane. In meinem Kopf laufen jetzt die

Bilder der Romanverfilmung ab, und ich finde es witzig, wie mir quasi selbst immer wieder Momente aus diesem 110 Jahre alten Buch und der Verfilmung passieren. Ich segle heute zwar mit allem Komfort in gut ausgebaute Häfen, habe GPS, AIS und eine Kühlbox, aber so manches Gefühl und so manche Verhaltensweise haben sich auch in über 100 Jahren nicht verändert. Das hat irgendwie etwas Beruhigendes an sich.

Kuressaare auf Saaremaa ist ein alter Kurort mit entsprechender Architektur.

Noch während ich tags drauf im Hafen von Kuressaare festmache, werde ich von Oskar, einem der nettesten Hafenmeister der Ostsee, begrüßt: »Welcome to the Capital of Saaremaa.« Hier treffe ich die AMIRA wieder, und wir beschließen, meinen Geburtstag am Samstag zusammen mit dem ersten Grillen der Saison zu feiern. Dazu suchen wir uns mehrere nette Plätze in Estland raus, und Oskar empfiehlt uns einen neuen Hafen im Osten der Insel – Lounaranna.
Erst einmal wird aber der Ort Kuressaare ausgekundschaftet. Die Stadt ist bereits seit mehreren Hundert Jahren ein Kurort, und man merkt schnell auch, warum. Der Strand ist traumhaft, und es gibt viel zu entdecken. Überall finden sich tolle alte Gebäude aus den Kurortzeiten vor 150 bis 80 Jahren, und die ganze Stadt wirkt wie ein interaktives Museum.
Obwohl ich hier eigentlich noch gut einen Tag bleiben könnte, machen wir uns am nächsten Tag auf den Weg nach Lounaranna,

Einsam vor Anker. Die Crew der AMIRA hat mein Boot anlässlich meines Geburtstags mit bunten Luftballons geschmückt.

um zu meinem Geburtstag am Samstag auch wirklich dort zu sein. Die Nacht vorher verbringen wir vor Heckanker an einem verlassenen und halb versunkenen Hafenrest namens Koiguste. Die Bucht von Koiguste ist ein Traum und wir genießen gemeinsam einen wunderbaren Abend in dieser menschenleeren Idylle. Keiner trägt eine Uhr und so fällt mir erst gegen 23:30 Uhr das erste Mal auf dieser Reise auf, dass es gar nicht mehr richtig dunkel wird. Pünktlich zu meinem Geburtstag hat der nordische Sommer also endlich begonnen.

Von meinem Geburtstag bleibt mir vor allem eine Erinnerung: Man braucht schon besonderes Geschick, um sich bei Anschneiden des improvisierten Geburtstagskuchens mit dem eigenen Glückstaschenmesser, einem Talisman aus der Heimat, in den Finger zu säbeln. Ich frage mich, ob das jetzt Pech bringt oder die Pechration fürs neue Lebensjahr dadurch gleich aufgebraucht wird. Der Grillabend in Lounaranna wird jedenfalls zu einem echten Highlight. Die Einsamkeit, das wahnwitzig laute Geschrei der startenden Zugvogelschwärme auf ihrem Weg nach Norden, Cuba Libre, estnische Steaks und ein traumhafter Sonnenuntergang bilden einen wunderbaren Abschluss dieses Tags. Bis spät in die Nacht sitzen wir auf der Pier und beobachten den von Nordwesten nach Nordosten ziehenden Lichtschimmer hinter dem Horizont.

Die ersten »weißen Nächte« in Estland. Die Sonne geht kaum mehr unter.

So ein schönes Wetter zieht meist Starkwind und Gewitter hinter sich her. Und so auch hier, weshalb ich einen Pausentag einlegen muss. Das nervt mich normalerweise total, denn Segelurlaube sind ja zum Segeln da und nicht zum Rumhängen. Daher waren Hafentage für mich bisher eher Zwang als Wohltat, und es hat mich schon in Kaliningrad gewundert, dass ich es eine Woche an Land ausgehalten habe. Ich war da bisher immer etwas unentspannt. Hafentage gibt es für mich nur, wenn das Wetter schlecht ist, ich dringend schlafen muss oder es auch mal dermaßen viel anzugucken gibt, dass es gar nicht anders geht. Aber einfach so?! Nee, nicht für mich.

Im nächsten Hafen lerne ich jedoch Timo kennen und der rüttelt an dieser Einstellung. Timo ist ein finnischer Einhandsegler, und er sitzt, seitdem ich in Haapsaalu angekommen bin, eigentlich nur in der Plicht und schaut ins Nirgendwo. Beinahe frage ich mich schon, ob mit ihm etwas nicht stimmt, aber dann kommen wir ins Gespräch. Und es stellt sich raus, dass er einfach nur der Inbegriff von tiefenentspannt ist. Mit seiner skandinavischen Gelassenheit beeindruckt er mich sehr. Auf die Frage, wie lange er schon in Haapsaalu liegt, antwortet er: »Jetzt drei Tage und wenn das Wetter morgen wieder schlecht ist, bleibe ich eben noch einen, ist doch schön hier.« So gelassen möchte ich auch mal sein. Eigentlich möchte ich mich auf dieser Reise ja entspannen, aber ich ertappe mich noch oft genug dabei, ein Getriebener des Wetters, des nächsten schönen Hafens oder des Meilenfressers in mir zu sein.

Ich entdecke, wie entspannend es ist, nur auf dem Boot zu sitzen und ins Nichts zu schauen.

Umso besser, dass Timo mich die nächsten Tage unter seine Fittiche nimmt. Wir verstehen uns prächtig, und ich schließe mich ihm einfach an und lerne so tatsächlich Tag für Tag das Abschalten. Erst einmal bleiben wir noch einen Tag hier, und ich entdecke, wie entspannend es ist, tatsächlich nur auf dem Boot zu sitzen und ins Nichts zu schauen. Noch heute mache ich das immer mal wieder gern, denn es gibt nichts Besseres, um den Kopf freizubekommen.

Am nächsten Tag fahren wir dann ganze zehn Seemeilen weiter nach Dirhami, nur um dort den genialsten Sonnenuntergang bisher anzuschauen. Und während das Thermometer auf 30 °C klettert, geht es weiter nach Lohusalu, obwohl mich

Tallinn als nächste große Stadt schon wieder reizt. Timo, der sich als sehr kundiger Estlandführer entpuppt, erzählt, dass der Hafen einem reichen Tallinner, der hier in der Nähe sein Wochenendhaus hat, gehört. Klar, bau ich mir einfach mal einen kompletten Hafen ... Zu unserer Runde stößt dann noch Kalle, ein Freund von Timo, dazu. Kalle ist ein alter finnischer Seebär, der eine ganze Menge spannender Geschichten zu erzählen hat, und so wird der Abend extrem lang und fröhlich. Ich merke mir für die Zukunft, dass Trinken mit Finnen recht gefährlich sein kann. So tragen nicht nur die 30 °C und Windstille am nächsten Tag dazu bei, dass ich einen Hafentag zur Erholung einlege. Timo und Kalle weisen mich in die finnische Sauna- (nur echt mit eiskaltem Bier) und Grillkultur ein. »Trinken, Sauna, grillen. Jetzt bist du für Finnland gerüstet«, lacht Kalle mich an, bevor er Richtung Schweden aufbricht. Verwundert stelle ich fest, dass ich durch meine beiden neuen Freunde tatsächlich gelassener geworden bin. Hafentage einfach nur aus Spaß und nicht aus Zwang oder Ruhebedarf heraus können also doch was Feines sein.

Als ich dann schließlich zusammen mit Timo so frisch erholt in Tallinn eintreffe, wird meine Freude ziemlich gedämpft. Denn seitdem mich Kaliningrad so begeistert hat, will ich unbedingt noch nach St. Petersburg. Nur leider sieht das der Wetterbericht, den ich hier bekomme, ganz anders. Schon in wenigen Tagen soll der Wind auf Ost drehen und bis auf Sturmstärke zunehmen. Ich nutze mehrere Wetterdienste und -Apps, aber ausgerechnet der zuverlässigste und meine eigene Analyse der Wetterkarte sind sich darin einig, dass das locker die nächsten 14 Tage so bleiben soll. Der einzige Wetterdienst, der bisher wirklich immer stimmte und selbst den Nebel manchmal vorhergesagt hat, ist WetterWelt. Und genau der sagt jetzt dieses Schlamassel voraus, während der DWD noch fröhlich von Sommerwetter spricht. Ich könnte nur noch kotzen. Nach St. Petersburg sind es noch gute 200 Seemeilen und sollte der Wind früher umschlagen und ich kreuzen müssen, können es gut doppelt so viele werden. Selbst wenn ich die Strecke mit nur einem Stopp zum Ausklarieren an der estnischen Grenze in Vergi hinter mich bringen würde, würde ich wahrscheinlich ins schlechte Wetter geraten und müsste gegen den zunehmenden Wind ankreuzen. Kurze Zeit spiele ich sogar mit dem Gedanken, das durchzuziehen, lasse es am Ende aber doch bleiben. Die NONSUCH ist ein kleines Schiff, und mein Vorgänger auf dieser Route, Bastian Hauck, hatte bei seinem Törn nach St. Petersburg 2008 in ähnlichem Wetter schwer zu kämpfen. Er hatte jedoch eine Crew dabei und so allein und ohne erlaubte Ausweichhäfen auf russischer Seite ist das einfach nicht zu machen. Wenn ich hier aber nicht zwei Wochen versauern will, heißt es, sich wahrscheinlich von St. Petersburg zu verabschieden. Und das passt mir gar nicht. Es fällt mir schwer, mich mit dieser Entscheidung abzufinden, denn ich mag es nicht, wenn ein Plan einfach nicht so funktioniert, wie ich mir das ausgemalt habe. Das gilt auch dann, wenn ich die einzig sinnvolle Entscheidung getroffen habe. Denn irgendwie bleibt da eine Art von Restzweifel, ein Gefühl, das es beim Segeln recht oft gibt: Hätte ich vielleicht doch nicht reffen müssen? Hätte ich dieses Wochenende doch auslaufen können? Vielleicht hätten wir doch lieber bis nach Svendborg fahren sollen, hier ist ja nichts los. Auch im Studium bzw. Job hat mich so eine Situation immer sehr gewurmt. Und genau dieser Gedanke beruhigt mich dann jetzt irgendwie. Ich wundere mich zwar über mich selbst, aber ich schaue mir als Alternative tatsächlich einmal ganz in Ruhe Tallinn an. Ich hoffe nämlich, dass ich mir diese neue Gelassenheit über diese Reise hinaus bewahren kann.

Während die Sonne vom Himmel brennt und ich mit Timo entspannt im Hafen von Tallinn sitze, passiert dann auch der Witz des Tages. Was für die Nordsee- und Elbsegler Helgoland und für die Ostseesegler der Grenzhandel mit pfandfreiem Dosenbier ist, ist Tallinn für Finnen, nur noch wesentlich extremer. Der Alkohol kostet hier nur etwa ein Drittel so viel wie in Finnland, und dank des Schengenabkommens kann hier praktisch ohne Limit eingeladen werden. Bei manchen Schiffen mache ich mir daher ernsthafte Sorgen um die Stabilität. Der volle Einkaufswagen wird hier gleich bis auf den Steg geschoben, denn entlang jedes Yachthafens gibt es zahlreiche Getränkemärkte mit gigantischen Lagermengen. Alle kaufen also kräftig ein. Den Vogel schießt allerdings ein kleines, drei bis vier Meter langes Schlauchboot ab, als es in den Hafen kommt. Wir wundern uns

45 Seemeilen über den offenen Finnischen Meerbusen gedüst, um Alkohol zu kaufen. Respekt.

KARU
TALLINN
on Bran

The Times we had.

Mit dem Schlauchboot 45 Seemeilen quer über den Finnischen Meerbusen um in Tallinn Sprit zu kaufen. Kann man machen …

noch, dass der Typ mit Trockenanzug, Kopfkamera, Handfunkgerät und allem Pipapo in den Hafen einläuft, denn das ist dann doch eher ungewöhnlich für ein kleines Schlauchboot. 20 Minuten und zwei Einkaufswagen später wissen wir dann aber, wofür er das ganze Equipment braucht, denn Timo bemerkt die Helsinkische Registrierungsnummer des Boots. Da ist also wirklich jemand mit dem kleinen Ding 45 Seemeilen über den offenen Finnischen Meerbusen gedüst, um hier Alkohol zu kaufen. Respekt.

Tallinn selbst hat auch einiges zu bieten und entpuppt sich, abgesehen von Kaliningrad, als meine bisherige Lieblingsstadt. Schon allein das Optische überzeugt. Auf meinen Streifzügen durch die Altstadt wird mir dann langsam auch klar, was mich etwas an Danzig oder Riga gestört hat. Im Gegensatz zu Danzig ist Tallinn nicht so übertrieben saniert. Danzig ist zwar sehr sehr schön, manchmal aber fast ein wenig zu sehr restauriert. Dadurch wirkt es fast schon ein wenig unwirklich. Tallinn ist im Gegensatz dazu in Würde gealtert und sieht wesentlich authentischer aus. Riga hingegen ist ähnlich schön im Stadtbild, aber leider schon zu einer richtigen EasyJet-Metropole geworden. Die Anzahl an Bernsteinschmuckständen, Wechselstuben und geführten Touristengruppen ist in Tallinn (noch) deutlich kleiner. Ich lasse mich durch die Altstadt treiben und setze mich auf eine der zahlreichen Restaurantterrassen, um das Treiben erst einmal zu beobachten. Mit der Zeit bemerke ich dann, was mich hier so fasziniert: Es ist mittlerweile fast 23:30 Uhr, und doch sind die Straßen voller Menschen. Und das ist nicht nur das um diese Tageszeit normalerweise anzutreffende Feiervolk, sondern ein ganz bunter Mix aus Touristen, Einheimischen, friedlich feiernden Jugendlichen, Alten und Jungen. Es herrscht ein Betrieb wie anderorts um vier Uhr nachmittags. Ich erinnere mich, wie mir jemand mal vom Lebensgefühl der Südeuropäer im Sommer vorgeschwärmt hat, wo das richtige Leben erst abends beginnt. Doch das ist hier noch besser, denn in Tallinn kommt noch das Dämmerlicht der weißen Sommernacht dazu. All das sorgt für eine ganz besondere Stimmung und dafür, dass die Stadt im Sommer wohl wirklich nie schläft. Fast wie New York.

… nobody can take from us …

Schlussendlich wäre es also wirklich schade gewesen, wenn mich der Wind hier gleich wieder rausgetrieben hätte. Ich werde bestimmt auch hier nicht das letzte Mal gewesen sein.

Ein Video »Baltikum und Perspektivwechsel« zu diesem und dem folgenden Kapitel finden Sie unter www.delius-klasing.de/segelsommer.

Perspektivwechsel (Südfinnland und St. Petersburg)

26. Mai bis 20. Juni, 1380 Seemeilen

Aus dem Logbuch:

26. Mai 2014, Suomenlinna | 33. Seetag, 1182 Seemeilen

Ich nutze den letzten Tag mit passendem Wind, um nach Finnland überzusetzen. Morgens kommt der Wind noch sehr unstet, nimmt im Tagesverlauf jedoch immer weiter zu, und ich segel mich in einen echten Geschwindigkeitsrausch. Dazu Sonne, gute Musik und Geschwindigkeitsrekorde. Geil, geil, geil!

Als die Küste mich zum Zwangsbremsen zwingt, entscheide ich zusammen mit Timo (mitlaufend), eine Festungsinsel vor Helsinki anzulaufen. Abends schwingt der Kapitän noch den Kochlöffel, um überschüssige Energie abzubauen.

Obwohl mir Tallinn wirklich gut gefällt, möchte ich lieber weiterziehen, bevor das Mistwetter, das mir schon St. Petersburg verdorben hat, hier ankommt. Ich habe immer noch Hummeln im Hintern. Die Vorhersage für heute verspricht dafür noch einmal richtig gutes Wetter. Sonne, 15 °C und raume Winde, also die besten und schnellsten.

Der Anfang ist aber dann mal wieder zum Abgewöhnen. Die Segel schlagen, alles knallt an Bord hin und her und der Wind kommt nicht in die Pötte. Kein Segler mag so eine Situation, und ich bin kurz davor, einfach wieder umzudrehen. Doch heute ist das Wetter dann endlich einmal mit mir und der Wind nimmt immer weiter zu. Und jeden Knoten mehr Wind setzt die NONSUCH sofort in mehr Geschwindigkeit um. Ich lache in mich rein, zupfe ein bisschen an den Segeln und lege die passende Musik auf. Das Heckwasser gluckert, die NONSUCH surft eine Welle hinunter, holt über und beschleunigt mit der nächsten nur noch mehr. In den Schoten ist ein Zug, als würde ein junges Pferd an der Leine zerren. Der Wind nimmt immer weiter zu, was ich noch nicht mal bemerke. Gute Musik, ein breites Grinsen im Gesicht, Wasser in Lee vorbeirauschend und das Vibrieren des Ruders. Besser geht es einfach nicht. In der Kajüte fliegt alles kreuz und quer und ich, ich bin im Geschwindigkeitsrausch. Jetzt stört überhaupt nichts mehr, wer bremst, verliert. Das breite Grinsen ist in meinem Gesicht wie festgetackert. Viel zu schnell kommen nach acht Stunden Vollgas die finnische Küste und die ersten Felsen in Sicht. Mist, Land im Weg! So wie heute hätte ich eigentlich ewig weitersegeln können.

Während ich die Segel heute das erste Mal etwas reffe, fällt mir auf, dass der Wind mittlerweile auf 25 Knoten, also sechs bis sieben Beaufort zugenommen hat. Das ist mir in meinem Rausch gar nicht aufgefallen. Eigentlich bin ich immer sehr vorsichtig, da mein Schiff nur etwa sieben Meter lang und ein Schwenkkieler ist und ich darüber hinaus auch allein unterwegs bin. Bei diesem Wind wäre ich normalerweise nicht mehr rausgefahren und konnte es so bisher meistens auch vermeiden, in Stürme zu geraten.

Ein Segeltag wie einer von Hundert. Perfekt.

Gerade zu so einem Tag gehört die richtige Musik. Stilles Wellengeplätscher ist eh nicht mehr wahrzunehmen. Das Ruder vibriert, der ganze Körper steht unter Spannung, 20 Knoten Wind fallen von schräg achtern ein. Dazu passen natürlich keine Balladen, sondern am besten fetzige Rockriffs oder irgendetwas ähnlich Kraftvolles und Lautes. Eben etwas, das die energiegeladene Stimmung nur noch unterstützt. Die folgende Musik macht so einen Tag doppelt so gut. Probiert es mal aus!

1. Danger Zone	Kenny Loggins
2. We Can Make The World Stop	The Glitch Mob
3. Spiralling	Keane
4. Bohemian Like You	The Dandy Warhols
5. Randy Bastard	Don Jonson
6. Allein Allein	Polarkreis 18
7. Who's That Chick?	David Guetta feat. Rihanna
8. Relax	Frankie Goes to Hollywood
9. I'm So Excited	The Pointer Sisters
10. Jerk It Out	Caesars

Schnittmuster oder Segelanweisung? Die Ansteuerung von Helsinki macht den Abend richtig spannend.

Der Abend endet zusammen mit Timo, der die meiste Zeit über neben mir hergelaufen ist, auf Suomenlinna, einer Insel vor Helsinki. Während ich für uns koche, zieht ein Gewitter über uns hinweg. Und als die Teller leer sind, weht der Wind mit selber Stärke wie vor zwei Stunden bereits aus Osten. Irgendwie hoffe ich immer noch, dass die Prognosen unrecht haben und St. Petersburg noch machbar wird. Timo lacht nur und weist mich stoisch, wie er nun mal ist, darauf hin, dass das bis Mittsommer so bleiben wird. »Das ist in vier Wochen!«, entgegne ich ihm mehr entsetzt als fragend. Noch ahne ich nicht, wie recht er behalten soll. Denn ab heute werde ich fast sechs Wochen lang Wetterpech haben. Noch weiß ich das aber nicht und freute mich einfach nur über den vielleicht besten Segeltag der gesamten Reise.

Glücklicherweise habe ich mit der Festungsinsel Suomenlinna bereits das kulturell-touristische »Pflichtprogramm« von Helsinki hinter mich gebracht, denn am nächsten Tag kommen zum Ostwind auch noch Schauer dazu. Gut, dass ich da nicht draußen bin.
Helsinkis Innenstadt ist mehr oder weniger komplett von Wasser umgeben, was der Stadt ein sehr maritimes Flair verleiht. Ich mag es hier. Eine schöne Stadt, tolle Menschen, jeder spricht fließend Englisch. So komme ich auch schnell mit einigen Finnen ins Gespräch. Angeblichen sollen sie ja verschlossen sein, aber das kann ich ganz und gar nicht bestätigen. Es

Der weiße Dom von Helsinki.

Auch eine schöne Innenstadt ist in Helsinki zu finden.

Vor allem aber bedeutet die finnische Hauptstadt: zurück in der Zivilisation!

dauert nicht mal einen halben Tag, da habe ich bereits neue Bekanntschaften geschlossen. Selbst während meines unvermeidlichen Abendprogramms komme ich sofort mit jedem ins Gespräch. Ein paar Motorbootfahrer, die ich kennengelernt haben, nehmen mich tags drauf sogar zu einer Stadtrundfahrt mit ihrem Speedboat mit. Überhaupt scheint hier jeder mindestens Motorboot zu fahren und sich sicher auf einem Schiff bewegen zu können, wie sich bei den Gegenbesuchen zeigt. – die Finnen sind mir von Anfang an sympathisch!

Leider kommt irgendwann der Zeitpunkt, sich von Timo zu verabschieden. Er will Richtung Schweden aufbrechen. Nachdem wir über eine Woche zusammen gesegelt sind, fällt der Abschied schwer, aber so ist es nun mal. Diese Seglerbekanntschaften, die neben allem anderen auch den Reiz des Segelns ausmachen, sind schon komisch. Man lernt sich unterwegs kennen und segelt eine gewisse Zeit nebeneinander her. Morgens verabschiedet man sich voneinander, da sich die Wege tagsüber möglicherweise trennen, nur um dann am Abend doch wieder im selben Hafen zu liegen und zu quatschen. Nur irgendwann, da verabschiedet man sich und ist dann abends wirklich allein im Hafen. Der beste Freund der letzten Tage ist weitergezogen. »Bester Freund« ist dabei noch nicht mal übertrieben, denn nirgendwo entwickeln sich Freundschaften schneller als beim Segeln. Umso trauriger sind diese ewigen Abschiede.

Man lernt sich unterwegs kennen und segelt eine gewisse Zeit nebeneinander her.

Viel schöner sind da die Wiedersehen, auch wenn man sich oft erst nach Jahren wieder trifft. Obwohl man häufig nur wenige Tage miteinander verbracht hat, ist der Empfang dann eher so, als ob man ein lange verschollenes Familienmitglied wiedersieht. Stundenlang könnte man dann erneut trinkend und redend nebeneinandersitzen. Segler sind doch irgendwie eine große Familie.

Als Einhandsegler ist man im Grunde nie einsam, da sich pausenlos neue Kontakte eröffnen. Und so ergibt sich die nächste dieser Freundschaften auch schon am gleichen Abend, an dem ich Kurt und Kerstin kennenlerne. Die beiden sind aus Deutschland mit ihrer Motoryacht hergekommen. Wirklich respektabel, aber als sie mir nach den üblichen Frotzeleien unter Seglern und Motorbootfahrern von ihrem Plan erzählen, stutze ich doch kurz. Sie wollen von hier nach Petersburg und über die russischen Seen und die Barentssee rund ums Nordkap. Wir verstehen uns prächtig und verbringen einen lustigen Abend bei ihnen an Bord, der im Vorfeld als »kleines Abendbrot« angekündigt wird. Aber, was soll ich sagen, nach diesen Stunden auf der riesigen, gut doppelt so langen GOEDEKE MICHELS habe ich schon beim Rückweg zur NONSUCH einen Anfall von Platzangst bekommen. Und als Kerstin auch noch zum Essen ein halbes Buffet auftischt, fühle ich mich beinahe ein wenig veräppelt, so wie die Crew in *Das Boot*, als sie nichts ahnend auf einen Frachter zum Abendessen eingeladen ist und in ihrer verdreckten Montur völlig unpassend neben den weiß gekleideten Offizieren und einem stattlichen Dinner steht. Große Boote haben eben doch auch Vorteile.

Da der ewige Ostwind auch zu irgendwas nutze sein muss, mache ich mich entlang der finnischen Küste nach Westen auf, während Kurt und Kerstin die Stadt erkunden. Endlich Schären und geschützte Gewässer! Das ist nach dem Seesegeln der letzten Wochen einfach nur großartig. Bisher konnte ich die Boote, die mir auf dem Wasser begegnet sind, an einer Hand abzählen, aber hier ist es nun richtig voll ... und trotzdem traumhaft. Die Fahrt gehört zu den Schönsten, die ich bisher durch eine Schärenlandschaft gemacht habe, und das wird auch am Ende meiner Reise noch so gelten. Wen immer es also über die Ålands und Turku-Schären hinaustreibt, wird

Die erste Nacht der Reise vor Anker.

Endlich angekommen in den Schären.
Die südfinnische Küste ist zwar schwierig
zu navigieren, aber wildromantisch schön.

Angekommen in Tammissaari.

nicht enttäuscht werden. Stundenlang geht es hier an unendlich vielen Wochenendhäusern vorbei und durch Dörfer hindurch, manchmal sogar mitten durch einen Wald. Abends fällt dann das erste Mal der Anker auf dieser Tour. Anschließend sitze ich den ganzen Abend hindurch im Cockpit und genieße die Szenerie, die einen kompletten Kontrast zur letzten Zeit darstellt. Endlich Skandinavien!

Die Landschaft begeistert mich so sehr, dass ich, anstatt in die finnische Segelhochburg Hanko durchzubrettern, erst mal in Tammisaari festmache. Ich will mich einfach mal dazu zwingen, abzuschalten und in einer schönen Gegend zu blei-

Eine Art »McDrive« für frischen Fisch! Davon machen wir doch gleich Gebrauch, und wenige Minuten später kommt ein kleines Motorboot angebraust ...

Die »Raketas« waren vor 30 Jahren mal modern, kutschieren Touristen durch den Petersburger Hafen und fahren uns fast über den Haufen.

ben. Aber daraus wird dann nichts, denn eine SMS von Kurt und Kerstin ändert meinen Plan: »Hast du nicht Lust, mit uns zusammen nach St. Petersburg zu fahren?« Klar hab ich das! Mit dem großen Schiff ist selbst der Ostwind kein Problem und so kann ich St. Petersburg doch noch auf dem Wasserweg erreichen. Noch eine Lektion gelernt. Manchmal verschiebt sich das Erreichen eines Ziels einfach, obwohl es schon nach einem Scheitern aussah!

Kurzerhand lasse ich die NONSUCH in Tammisaari liegen und mache mich auf den Weg zurück nach Helsinki. Und als ob

Auf Haapassaari klarieren wir nach Russland aus.

wir uns seit zwei Jahren anstatt zwei Tagen nicht mehr gesehen hätten, tauschen wir eifrig die Neuigkeiten der letzten Tage aus, während sich die GOEDEKE MICHELS langsam aus dem Helsinkier Schärengarten bewegt. Der Wind weht immer noch kräftig aus Osten, aber dem großen Schiff scheint das überhaupt nichts auszumachen. Bis zur Zollinsel Haapasaari nahe der russischen Grenze brauchen wir zwei Tage. Ich genieße die Zeit in Gesellschaft nach dem Alleinsegeln sehr, besonders weil ich mich nun endlich mal wieder geistig entspannen kann. Ist man allein unterwegs, sitzt man ja nicht nur untätig herum, sondern ist immer mit einem Teil der Aufmerksamkeit beim Boot. Jedes Geräusch, jede Bewegung wird unterschwellig registriert und analysiert. Nicht erst einmal bin ich abends nach einem eigentlich entspannten Tag auf See ohne Abendessen einfach nur kaputt in die Koje gefallen.

Als wir kurz vor Mitternacht ausklariert ablegen, ist es immer noch taghell. Der Ostwind hat inzwischen ein wenig nachgelassen und bläst uns auf den letzten Seemeilen nur noch mit etwa vier Windstärken entgegen. Die Nachtfahrt auf so einem großen Schiff gerät entspannt, schon fast unspektakulär. Nur einmal lässt sich die russische Küstenwache in perfektem Englisch kurz über Funk hören: Wir mögen doch bitte genauer den offiziellen Fahrwassern folgen. Witzig bei dem Wind …

Das Sperrwerk Kronschtadt wirkt wie ein gigantisches Stadttor für den St. Petersburger Hafen.

Nachmittags ist die Ostsee dann wieder einmal zu Ende. Wie ein Stadttor zur See liegen die riesigen Festungs- und Hochwasseranlagen von Kronschtadt vor uns. Und wieder liegt auch diese Aufregung vor dem russischen Zoll in der Luft, die aber genauso unbegründet wie in Kaliningrad ist. Kurt und Kerstin sind schon das zweite Mal hier. Bei ihrem ersten Besuch hatten sie noch eine Agentin beauftragt, ohne die es diesmal aber wesentlich entspannter abläuft. Durchsucht wird im Grunde gar nichts, obwohl man an Bord locker eine ganze Familie verstecken könnte. Auch hier machen selbst die angeblich ach so grimmigen Zöllner Witze mit uns – wahrscheinlich können sie sich einfach lockerer geben, wenn niemand sonst, also auch keine Agentin als dritte Partei, dabei ist. Nachdem wir dann in der Lagune von St. Petersburg noch fast von einem der be-

In einer typischen Bootsanzeige würde wohl »einwandfreier Pflegezustand« stehen.

rühmten Tragflügelboote über den Haufen gefahren worden wären, machen wir endlich fest.

Die Russen navigieren etwas ... sportlicher.

St. Petersburg, die geheimnisvolle Metropole am östlichsten Ende der Ostsee. 030°14,251 östliche Länge – diesen Punkt habe ich nun nämlich auch zusammen mit Kurt und Kerstin erreicht, und darauf stoßen wir sofort nach der Ankunft im Yachthafen an. Was zwischen hier und Cuxhaven, dem bisher westlichsten Punkt meiner Reise, schon alles passiert ist ... Der Yachthafen von St. Petersburg ist genau so, wie man ihn sich vorstellt: voll mit riesigen Yachten. Und da es immer so viele Probleme mit dem Parken gibt, wenn man mit dem Auto zum Hafen kommt, fliegt der eine oder andere lieber gleich mit dem Hubschrauber her. Nachdem wir mit unserem Liegeplatznachbarn auf die deutsch-russische Freundschaft angestoßen haben, entgegnet er auf Kurts Frage nach seinem Job nur: »Business.« Ich runzle die Stirn, denn irgendwie möchte ich das ein wenig genauer wissen. Kurt auch, der deshalb noch mal nachhakt. Aber trotz unserer nun schon einige Stunden währenden Bekanntschaft will er uns nicht mehr über seine offenbar nur halb legalen Geschäfte erzählen. Vielmehr stellt er auf die Nachfrage hin nur sein Glas auf den Tisch, lächelt vielsagend, nickt väterlich beschwichtigend mit den Kopf und wiederholt dann lapidar und wenig konkretisierend: »Business!«

St. Petersburg wird manchmal als die Hauptstadt, also die größte und bedeutendste Metropole, der Ostsee bezeichnet, auch wenn sie ganz am Rand liegt. Wie dem auch sei, eines steht fest: Wer St. Petersburg nicht gesehen hat, hat etwas verpasst. Umso froher bin ich, nun hier zu sein. Den ersten Blick über die Newabrücken auf die Uferpromenade werde ich nie vergessen. Es ist einfach alles so unglaublich riesig, nie enden wollend und prunkvoll. Ich kannte die Postkartenansichten der Eremitage mit dem prächtigen Winterpalais als Herzstück, doch in der Wirklichkeit geht diese Promenade genauso prunkvoll über Kilometer weiter. Palais reiht sich an Palais. In den Straßen der Innenstadt dann dasselbe Bild. Egal, in welche Richtung man geht, in fußläufiger Entfernung vom Palastplatz, dem heutigen Mittelpunkt der Stadt, findet man fast nichts anderes als Prunkbauten und klassizistische Altbauen. Natürlich sieht man manchmal auch etwas abblätternde Farbe, doch im

Nevski Prospekt. Das Herz St. Petersburgs.

ЯРКИХ ВПЕЧАТЛЕНИЙ

ФОТОСАЛОН
ТЕАТР
ПАРК КУЛЬТУРЫ И ЧТЕНИЯ
BOOKSTORE 24h CAFE 24h
BOOKS · GIFTS SOUVENIRS
Теремок

Schloss Peterhof. Ich bin völlig überwältigt von der Opulenz.

St. Petersburg reicht bis hinter den Horizont.

Die Eremitage.

Das Museum selbst ist genau so interessant wie die Exponate.

Prunk, wohin das Auge blickt.

Großen und Ganzen hat die Stadt mehr und schönere historische Bauten zu bieten als alle anderen mir bekannten Städte. Selbst Paris, Wien oder London wirken im Vergleich mit Piter, wie die Einwohner ihre Stadt nennen, auf mich wie große Dörfer.

Ich verbringe zwar nur wenige Tage hier, aber es hätten ohne Probleme auch Wochen werden können. Der Newski Prospekt, die Prachtstraße im Zentrum mit ihren Tausenden Menschen und prunkvollen barocken Kaufhäusern, in denen Champagner, Kaviar und Unmengen verschiedenster Wodkasorten angeboten werden. Die Nationalbibliothek, der Blick von der Isaakskathedrale, wo die Stadt nie zu enden scheint und man den gesamten Horizont entlang nur Häuser und Stadt sieht. All das hat mich zutiefst beeindruckt, vor allem wenn man bedenkt, dass diese Stadt bereits vor 300 Jahren errichtet wurde. Eigentlich habe ich gar keine richtige Lust auf Sightseeing, denn auf die Frage, was man denn in der Umgebung so machen könnte, hat bisher fast jeder Hafenmeister der Ostsee entweder die Besichtigung eines Schifffahrtsmuseums, von Ruinen oder irgendeines Schlosses vorgeschlagen. Daher habe ich davon

Auf der historischen AURORA. Der östlichste Punkt der Ostsee ist erreicht!

in den letzten Monaten schon so einige gesehen. St. Petersburg erstaunt und fasziniert mich dann aber doch so richtig. Ich sehe mir zunächst den geschichtsträchtigen Panzerkreuzer AURORA, die Keimzelle der Oktoberrevolution, an. Dann fahre ich mit den Tragflügelbooten, die ich schon während der Einfahrt gesehen habe, zum Sommerschloss Peterhof kurz vor der Stadt. Dieses stellt alle anderen berühmten Schlösser wie Versailles, Sanssouci oder Schönbrunn locker in den Schatten. Alles blitzt und blinkt vor lauter Gold, Marmor und poliertem Granit und beeindruckt schon durch seine schiere Größe. Eigentlich bin ich nach diesem Besuch wirklich geschafft, aber die Eremitage, eines der größten und bedeutendsten Museen der Welt, kann ich einfach nicht auslassen. Und wieder ergeht es mir wie bei Schloss Peterhof: Wenn du denkst, mehr geht nicht, dann legt St. Petersburg noch einen drauf und es wird noch prunkvoller. In dem Moment werden sogar die Sammlungen zur »Nebensache«, denn um diese wirklich genießen zu können, müsste man vorher eine Woche lang die Führer studieren, um überhaupt einen Überblick zu bekommen. In einem Moment stehe ich zwischen ägyptischen Statuen, im nächsten zwischen holländischen Meistern. Nein, für mich ist die

Eremitage selbst das eigentliche Erlebnis. Saal reiht sich an Saal, einer prunkvoller als der andere. Fast schon sinnbildlich für St. Petersburg könnte man hier Tage drin herumlaufen und hätte immer noch nicht jeden Raum gesehen. Trotz meiner Navigationspraxis auf See verliere ich mehrmals völlig die Orientierung. Am Ende finde ich dann aber doch wieder heraus.
Neben Studenten und Rentnern haben übrigens auch Träger des Leninordens, Helden der Sowjetunion, Helden der sozialistischen Arbeit und Verteidiger Leningrads in der Eremitage freien Eintritt.

Russland, wir haben uns nicht das letzte Mal gesehen!

Zu all dem kommen noch die weißen Nächte hinzu. Es ist Mitte Juni, und die Petersburger machen die Nacht nun zum Tag. Da ist es schon fast die Ausnahme, dass wir den letzten gemeinsamen Abend zusammen an Bord verbringen. Während Kurt und Kerstin dann durch die Brücken der Newa weiter Richtung Polarmeere fahren, geht es für mich mit dem Flieger zurück nach Finnland. Auf dem Weg dorthin habe ich noch das letzte kuriose Russlanderlebnis: Dort, wo normalerweise in einem Flugzeug auf die Schwimmwesten hingewiesen wird, steht im russischen Flugzeug nur der lapidare Hinweis: »Als Schwimmhilfe bitte Sitzkissen verwenden.«
Russland, wir haben uns nicht das letzte Mal gesehen!

An Bord der NONSUCH, eine Woche später. Ich bin auf dem Weg zu einer kleinen Insel am Rand der Turku-Schären. Es ist einen Tag vor Mittsommer, und ich bin froh, überhaupt unterwegs zu sein. Den Tipp mit der Insel habe ich nämlich von dem Mechaniker bekommen, der mir die Mittsommernacht gerettet hat. Denn um ein Haar hätte ich es geschafft, die Wasserpumpe meines Motors bei einer gut gemeinten Wartung kaputtzumachen. Und ohne Wasserpumpe fährt das Schiff leider nirgendwo hin. Irgendwie habe ich aber wieder total Glück gehabt und einen Mechaniker gefunden, der tatsächlich zwei Tage vor Mittsommer Zeit für mich hatte. Das ist in etwa so wahrscheinlich, wie noch einen Tag vor Weihnachten den schönsten Baum zu finden.
Das Wetter ist jedoch leider noch schlechter geworden. Nachdem der Ostwind in den letzten Wochen wenigstens für etwas Sommer gesorgt hat, hat ihn nun polarer Nordwind abgelöst, und das mit Macht. Seitdem ich wieder an Bord der NONSUCH

bin, komme ich nur noch im Schneckentempo und mit Motorhilfe voran. Dumm nur, dass ich mir mittlerweile, wo ich doch schon so weit gekommen bin, in den Kopf gesetzt habe, die Ostsee ganz bis zum nördlichen Ende bei Haparanda und Törehamn kurz vorm Polarkreis zu erkunden.

Die Überfahrt zur Mittsommerinsel ist holperig. Ein ganzer Tag nur gegenan. Wenigstens ist die kleine Bucht wirklich schön und Geheimtipp stimmte insofern, als dass ich hier der einzige Ausländer bin. Dementsprechend herzlich werde ich aufgenommen und bekomme von Mikko und Tom erstmal einen »mittsommertauglichen Pegel«, wie sie es nennen, verpasst. Danach werde ich in sämtliche Mittsommertraditionen inklusive Sauna und »Birkenzweigmassage« eingeweiht. Das traditionelle Feuer, das hier an der Nordküste der Insel aufgeschichtet wird, findet nur wenig Begeisterung bei den Finnen. Entweder man steht auf der Luvseite und bekommt die Gischt der sich brechenden Wellen in den Rücken oder man steht in Lee und bekommt die Asche ins Gesicht geweht. Während sich alle nach einer kurzen Stippvisite beim Feuer schnell in die überall auf der Insel verstreuten Saunen zurückziehen, blicke ich noch einmal raus auf den Bottnischen Meerbusen. Wind von Norden, genau von da, wo ich jetzt eigentlich hinwill … Es ist übrigens der kälteste Mittsommer in Finnland seit über 30 Jahren.

Mittsommer – Finnisch »Keskikesä«. Der eisige Nordwind sorgt für maximal 11 Grad. Ende Juni.

Jetzt erst recht (Auf dem Weg nach Törehamn)

21. Juni bis 7. Juli, 1844 Seemeilen

Aus dem Logbuch:

28. Juni 2014, Vasaa | 45. Seetag, 1599 Seemeilen
Die Nachtfahrt war gar keine richtige. Es bleibt taghell hier oben und wirklich einsam, aber so komme ich wenigstens zu genügend Schlaf in der letzten Nacht auf See. Vormittags frischt der Wind dann pünktlich zum Erreichen des Vasaa-Schärengartens auf. Wetterfenster geschlossen. Die Fahrt durch diesen unwirtlichen, steinigen Schärengarten zieht sich, und ich bin froh, als ich abends dann Vasaa erreiche. Überhaupt bin ich froh, diesen Gewaltschlag geschafft haben. Jetzt-erst-recht-Mentalität pur. Das gibt Kraft!

»Immer diese Sache mit dem Wind. Entweder es ist zu viel Wind oder kein Wind oder es ist kein Wasser da!«, zeterte Carruthers. Das ist wieder so eine Sache, an der sich auch in 100 Jahren nichts geändert hat. Dass die Ostsee immer genug Wasser hat, ist gerade das einzig Gute an der Situation. Der Nordwind drückt mich in die nahegelegene Stadt mit dem lustigen Namen Uusikaupunki. Da kann ich dann wenigstens das Fußball-WM-Spiel Deutschland gegen Ghana schauen. Das ist dann aber schon das einzige Highlight. Der Nordwind legt immer mehr zu und bringt Regen und eiskalte Arktisluft mit. 7 °C Tageshöchsttemperatur Ende Juni und dazu kein Weiterkommen! Nachdem ich einige Tage in der Stadt liege, versuche ich zweimal auszubrechen. Ist mir doch egal, wenn wir Nordwind haben, nach einer bestimmten Zahl von Hafentagen lässt sich beinahe jeder Skipper zum Aufbrechen verleiten. Zunächst versuche ich, vor den Schären aufzukreuzen, lasse das dann aber doch lieber bleiben. Denn eine ganz anständige Welle und der fast schon gewohnte Sechserwind aus Norden lassen das Ganze eher sinnlos erscheinen. Als nächsten Versuch probiere ich das Kreuzen innerhalb der Schären. Das funktioniert anfangs auch, doch nimmt der Wind auch hier irgendwann weiter zu. Innerhalb von zwei Stunden habe ich schon 14 Wenden gefahren und viereinhalb Seemeilen nach Norden gut gemacht. Ewig würde der Schwellschutz durch die Schären aber auch nicht anhalten. Das ist also auf lange Sicht keine wirkliche Perspektive, sodass ich mich geschlagen gebe und mich auf den Weg zurück nach Uusikaupunki mache. Ich könnte kotzen. Als dann auch noch ein Gewitter, das mal wieder nur WetterWelt vorhergesagt hat, über mich hinwegzieht, bin ich wirklich bedient. Auf Gewitter auf See reagiere ich allergisch, nachdem vor zwei Jahren mal ein Blitz so nah am Boot eingeschlagen ist, dass Logge und Funkgerät den Geist aufgegeben haben und ich einen Tinnitus bekommen habe. Meine Laune sinkt auf den Tiefpunkt. Eine Besserung ist nicht in Sicht, weder beim Wetter noch bei der Laune!

Man bekommt in solchen Situationen oft Sprüche wie »Sei doch froh, dass du überhaupt auf dem Wasser sein kannst« zu hören. Das ist zweifelsohne richtig, das will ich auch gar nicht bestreiten. Aber stellt euch mal vor, ihr steht im Urlaub mit eurem Wohnmobil tagelang bei Kälte im Stau. Nur die optimistischsten Frohnaturen würden sich da wohl mit dem Gedanken trösten können, dass sie wenigstens überhaupt im Urlaub sind. Eher möchte man den Bulldozer herausholen oder HB-Männchen spielen. Gerade wenn man lange unterwegs ist, geraten solche Situationen häufig zur psychologischen Belastungsprobe. Das Gefühl, festzuhängen, nicht vorwärtszukommen und selbst mit viel Einsatz nichts daran ändern zu können, macht jedenfalls mich auf Dauer unglücklich. Kurzzeitig überlege ich daher, das Ziel Haparanda aufzugeben und einfach Richtung Stockholm mit dem Wind im Rücken zu fahren.

Als der Nordwind wenigstens mal einen Tag nachlässt, reicht es mir und ich motore einfach in einer Art Frustbewältigung gen Norden. Das Ablegemanöver wird dabei zum kuriosesten der ganzen Reise. Die NONSUCH ist in Uusikaupunki typisch skandinavisch festgemacht, nämlich mit dem Bug zum Kai und hinten an einer einzelnen Boje. Ich setze meinen Seeheldenblick auf, starte den Motor und dann kann es losgehen. Dachte ich … Normalerweise läuft ein Ablegemanöver ohne Hilfe so ab, dass man die Leinen auf Slip belegt, vorn möglichst schnell löst und fix zum Ruder nach hinten rennt. Schnell deswegen, damit das Boot in der Zwischenzeit nicht irgendwo dagegentreibt. Wegen der rostigen Ringe am Kai habe ich die Leinen hier aber an Land belegt. Ich löse also beide Leinen an Land, will schnell übersteigen und mich an der Heckleine vom Kai wegziehen. Den Bruchteil einer Sekunde passe ich jedoch nicht auf und beide Vorleinen rutschen mir aus der Hand. Im gleichen Moment löst sich die Spannung der Heckleine und die NONSUCH treibt im leeren Hafen zwei Meter nach hinten. Das ganze Hafencafé lacht, während ich an Land stehe und ein Gesicht mache wie eine Kuh, wenn es donnert. Ich sehe mich schon unter den spöttischen Blicken durchs Wasser schwimmen. Zum Glück ist die NONSUCH froh, dass sie endlich wieder von der Leine gelassen wird, und treibt mit einer günstigen Bö so nah an den Steg, dass ich mit Anlauf aufs Vordeck springen kann. Braves Boot! Tarzan wäre sicherlich stolz auf mich.

Das Gefühl, festzuhängen, nicht vorwärtszukommen und nichts ändern zu können, macht jedenfalls mich auf Dauer unglücklich.

Abends lande ich auf der Leuchtturminsel Kylmäpihlaja, die sich überraschenderweise als kleines Highlight entpuppt. Die Insel, kaum so groß wie ein Flugzeugträger, ist wildromantisch, in zehn Minuten umwandert und einfach genau mein Ding. Ein wenig Genugtuung stellt sich ein. Nach einer kurzen Inselführung mit Leuchtturmbesteigung lassen sich die Mädels, die eine kleine Sommerpension in einer verlassenen Lotsenstation betreiben, schnell dazu überreden, das Spiel Deutschland gegen USA zu gucken, auch wenn sie meine Begeisterung nicht so ganz teilen können. Zwar bin ich heute nur ein winziges Stück von gerade einmal 18 Seemeilen nach Norden gesegelt, aber das Gefühl, dem Wetter ein Stück weit entflohen und ein klitzekleines Stück vorangekommen zu sein, hebt meine Laune schlagartig. Der Sonnenuntergang vom Leuchtturm aus mit Blick auf den sich langsam beruhigenden Bottnischen Meerbusen ist dann auch mal wieder der mindestens schönste der bisherigen Reise. Besonders lustig findet es meine Begleitung, dass mir dabei eine Möwe auf den Kopf scheißt. Wenigstens stehen somit mein Glück und eine sichere Heimkehr für die nächste Zeit fest.

Aus der Ferne sieht Kylmäpihlaja nicht spannend aus, entpuppt sich aber als echtes Kleinod.

Am nächsten Morgen entfährt mir erst mal ein ungläubig genervtes »ÄH, NE?!«, als ich den neusten Wetterbericht bekomme, denn die kurze Wetterberuhigung soll nur einen Tag lang anhalten. In bester HB-Männchen-Manier mache ich die Leinen los und motore Richtung Norden. Dann halt die Dampfhammermethode. Ich will weiter, mich juckt es in den Fingern. Erst unter Motorkraft, später mit zumindest etwas Wind geht es voran. Wenigstens gibt es so endlich mal wieder eine Nachtfahrt. Das habe ich fast schon vermisst. Nach 24 Stunden trotzigem Durchbrettern bin ich pünktlich, als der Wind wieder zu seiner vollen Stärke zurückfindet, am Eingang des Kvarken-Archipels. Fast den ganzen Tag lang muss ich noch durch die unwirtlich steinigen Schärengewässer, die zahllosen Felsen, winzigen Tonnen und Untiefen mit so vertrauenserweckenden Namen wie Jackassgrund navigieren, bis ich abends endlich in Vasaa ankomme.

Dort treffe ich auch wieder auf die PALVE, auch wenn Klaus und seine Crew ganz ungläubig gucken, als ich abends in den Hafen von Vasaa getuckert komme. Wir hatten uns schon in Turku und Uusi getroffen, jedoch konnte Klaus mit seinem doppelt so großen Schiff und seiner erfahrenen Mannschaft dem Wetter bisher immer ein wenig besser trotzen als ich. So war er

Endlich geht es weiter Kurs Nord. Hier nach zwei Tagen auf See.

Kylmäpihlaja.
Der Hafen diente bis vor wenigen Jahren als Lotsenstation. Heute ist es ein Ausflugsziel mit Sauna und viel Natur.

mir seit Turku immer einige Seemeilen voraus. Ich konnte ihm aber immer folgen. »Ich dachte schon, ich hätte dich endlich abgehängt«, ruft er und wirft mir eine Dose Bier zu.

Ich habe fast den halben Bottnischen Meerbusen in einem Stück hinter mich gebracht und bin fix und fertig. Aber ich habe dem blöden Wetter ein Schnippchen geschlagen. Klaus' Urteil, dass ich eigentlich gar nicht hier sein dürfte, bestärkt mich darin, dass es richtig war, diesen einen halbwegs passablen Tag zu nutzen. Das Lob erfahrener Segler mit doppelt so großen Schiffen zeigt mir, dass ich mich in den letzten Tagen nicht nur angestellt habe. Und genau dieses Gefühl war vielleicht das Schlimmste an diesen letzten Tagen.

Mövenschiss auf Skippers Kopf bringt Glück ...

Hier oben ist es nachts so hell, dass man ohne Lampe lesen kann. Aufgenommen wurde dieses Foto um 01:30 Uhr.

Einem Fahrwasser zu folgen, ist in Finnland oft abenteuerlich. Versucht mal den Weg hier zu finden …

Der Nordwind nimmt dann auf 30 Knoten zu, dazu regnet es wieder pausenlos. Aber das ist mir jetzt egal. Ich hab mir selbst gezeigt, dass ich mich trotz widriger Bedingungen nicht kleinkriegen lasse. Selbst beim Segeln hilft es offenbar manchmal nur, sich einfach durchbeißen. Hoffentlich lässt mich dieser Gedanke in Zukunft auch so manchen Aktenberg entspannter angehen.

Als ich ein paar Tage später weiter nach Norden will, bremst mich der Nordwind wieder am nördlichen Ende des Kvarken-Archipels aus. Diesmal stört mich das aber nicht, sondern ich mache einfach auf der wunderschönen, kleinen Insel Kummelskäret fest und freue mich über den netten Ort, an dem

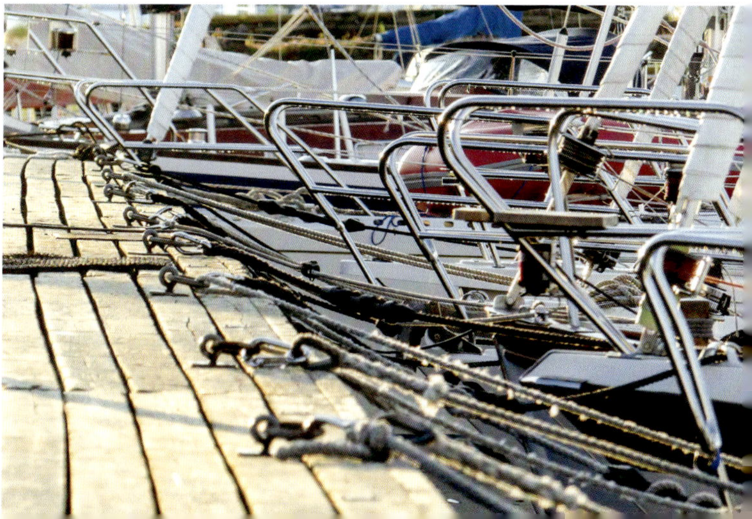

Angekommen in Vasaa.

Kummelskäret. Ein netter Hafen, den ich bei besserem Wetter vielleicht ausgelassen und nie kennengelernt hätte.

Nonsuch

Der Zahn der Zeit.

ich bei gutem Wetter wohl vorbeigefahren wäre. Außer einer verlassenen Station der Küstenwache, in der sich jetzt im Sommer ein kleines Café befindet, gibt es nichts auf der Insel. Maximal Platz für drei Schiffe am Steg, kein Strom, kein fließendes Wasser, nur ein kleiner Pfad durch die Natur. Ich freue mich trotzdem, denn eigentlich tut das auch mal ganz gut. Der Wind nimmt im Lauf des Tags bis auf Sturmstärke zu. Anstatt mich aber zu ärgern, liege ich die meiste Zeit einfach gemütlich in meiner Koje, koche mir etwas Schönes, laufe in Ölzeug um die Insel und beobachte die sich an den Felsen brechenden Wellen. Auf einmal bin ich so merkwürdig entspannt. Ich habe mir bewiesen, dass es geht, und plötzlich ist es mir egal, wie lange es noch dauert. Kann das sein?

13 m/s; Windstärke 6. Aus: NNO. Genau da will ich hin.

Hier kommt mal ein auf See getestetes Rezept von mir. Alle Zutaten sind lange ohne Kühlung haltbar und es lässt sich schnell auf zwei Spiritusflammen zubereiten. Die Reste halten sich an Bord ohne Probleme und durch den indischen Ursprung ist es eine willkommene Abwechslung zu Bauernfrühstück und Ravioli.

Indische Dhal-Suppe

Zutaten für zwei Personen:
250 Gramm rote Linsen
½ Zwiebel
2 Esslöffel Kokosflocken
400–500 Gramm passierte Tomaten
1 Dose Kokosmilch
500 Milliliter Rinderbrühe (Brühwürfel oder Bouillon pur)
½ Teelöffel Sambal Olek
½ Teelöffel Kurkuma oder Currymischung
Öl
Salz
Pfeffer
Naturjoghurt
Falls vorhanden etwas Koriander

1. Zunächst die Zwiebel in kleine Würfel schneiden. Falls gerade zur Hand können auch einige gehackte Korianderstiele dazugegeben werden. Die Linsen einige Minuten in Wasser einweichen lassen. Das reicht aus, da sie später sowieso noch gar gekocht werden.

2. Die Zwiebelwürfel anschließend im Topf in etwas Öl circa fünf Minuten anschwitzen. Anschließend Kurkuma oder Currypulver, Brühe, Kokosmilch und die passierten Tomaten zugeben.
3. Anschließend Linsen und Kokosflocken hinzugeben und das Ganze auf kleiner Flamme circa 15 Minuten kochen lassen. Die Linsen sollten weich sein bzw. noch etwas Biss haben, je nach Geschmack. Die Kokosflocken halten sich von zu Hause im Glas mitgebracht übrigens mehrere Monate an Bord.
4. Sambal Olek zugeben und das Ganze im Anschluss mit Salz, Pfeffer und gegebenenfalls weiteren Kokosflocken abschmecken. Ein wenig Schärfe ist durchaus gewünscht.
5. Vor dem Essen etwas Naturjoghurt einrühren. Das mildert die Schärfe.

Mit der Zeit gewöhnt man sich an die vielen Seezeichen. Das Navigieren macht Spaß.

Die Belohnung für diese neu gewonnene Gelassenheit lässt nicht auf sich warten, denn nach fast sechs Wochen hat das Wetter endlich ein Einsehen mit mir. Die Sonne kommt raus und der Wind dreht auf West mit moderater Stärke. Endlich kann ich mich also auf den Weg nach Haparanda machen! Das große Ziel ruft. Kein Name an der Ostsee klingt größer, kein Ort verkörpert für mich den Begriff Traumziel mehr. Und doch soll es eigentlich nur ein kleiner Hafen am Scheitel des Bottnischen Meerbusens sein, nahe an der schwedisch-finnischen Grenze. Grund genug, mir das Ganze mal anzuschauen.
Der erste Tag auf See verläuft unspektakulär. Der Wind weht nur schwach, aber wenigstens komme ich voran. Den ganzen Tag verbringe ich damit, die Weite des Bottnischen Meerbusens zu bestaunen. Ich bin völlig überwältigt davon, dass man hier nichts außer Wasser sieht – kein Land, kein anderes Schiff wie noch in der südlichen Ostsee. Selbst der AIS-Receiver zeigt keine anderen Schiffe mehr an. Dazu ist es bei schwachem Wind noch unvorstellbar leise – keine Tiere, keine Wellen, keine weit entfernten Zivilisationsgeräusche, nur das leise Gluckern des Wassers am Heckspiegel. Ich bemerke, wie ich mich auf einem Törn, der länger als einen Tag dauert, verändere. Ich werde ruhig, beinahe etwas träge, aber auch glücklich und genügsam. Fast eine ganze Stunde lang beschäftigt mich nur das

gluckernde Heckwasser. Hier brauche ich kein Buch und schon gar kein Smartphone. Das Betrachten des fließenden Wassers reicht mir als Beschäftigung völlig aus. In solchen Momenten von Glück zu sprechen, ist vielleicht etwas zu hoch gegriffen, aber ich merke sofort, dass all der persönliche Ballast, den ich mit mir rumschleppe, verfliegt. Gehirnfreizeit eben. Ob das »Glücklich sind die geistig Armen« aus dem Lateinunterricht früher wohl so gemeint war?

Mitternacht in Haparanda. Eine magische Ankunft.

Auch meine Schlafphasen verlängern sich bis auf eine Stunde in der Nacht. Als ich später nach einem Nickerchen aufwache, ist das Schiff mal wieder wie aus dem Nichts in dichten Nebel gehüllt. Nach den ersten Nebelerfahrungen bin ich mittlerweile entspannter, zumal mich hier erst recht niemand über den Haufen fahren kann. Aber dennoch wirkt die Szenerie irgendwie surreal, wie aus einem Traum. Denn hier oben ist ja außer mir fast niemand. Der Nebel hält sich dann bis in den späten Nachmittag des Folgetags, ist dann aber mit einem Mal innerhalb von 30 Sekunden komplett verschwunden. Noch immer bin ich fast allein und ich frage mich mehr als einmal, ob ich die letzten 24 (!) Stunden Nebel geträumt habe. Später sehe ich noch einen einzigen Frachter und gegen Abend bekomme ich dann das erste Mal die Norrbottenschären zu Gesicht. Weit kann Haparanda nun nicht mehr sein. Die Einsamkeit, der Nebel und die Stille lassen die Ankunft an diesem besonderen Ort fast so wirken, als käme ich gerade in Mittelerde an. Auch wenn es »nur« das nördliche Ende der Ostsee ist, fühle ich mich, als ob ich mich dem Ende der Welt nähern würde. Jetzt nur rechtzeitig bremsen, damit ich nicht von der Erdscheibe ins Universum falle!

Als ich mich dem Land schließlich nähere, wird dieser Effekt noch verstärkt: Es ist wenige Minuten vor Mitternacht, also kurz vor Sonnenuntergang hier am Polarkreis. Das Abendrot, die Wolken und diese einsamen Inseln um mich herum machen die Ankunft zur schönsten, die man hier haben kann. Ich freue mich wie ein kleines Kind, es trotz widriger Umstände bis hierher geschafft zu haben. Irgendwann tauchte dann der kleine Hafen von Haparanda vor mir auf. Als ich um 1:30 Uhr nach 43 Stunden auf See mein Anlegebier in der Stille trinke, ist das Abendrot bereits eindeutig zum Morgenrot geworden. Haparanda hat mir ganz deutlich gezeigt, wie besonders es ist.

Nach einer ordentlichen Mütze Schlaf mache ich mich dann auf die Suche nach dem »Mythos Haparanda«. Was macht diesen Ort so besonders? Es gibt wohl keinen Ort an der Ostsee, der so sehr polarisiert. Für die einen ist er das Traumziel der Ostsee schlechthin. Der Spruch »Ein echter Ostseesegler muss auch mal in Haparanda gewesen sein« ist sicherlich übertrieben und dennoch habe ich ihn an deutschen Yachtstegen schon mehr als einmal gehört. Auf der anderen Seite fragen sich viele, was sie dort sollen, weil es ihrer Meinung nach spannendere Orte gibt und es bloß pure Gipfelstürmerei ist, dort

Das Klubhaus in Haparanda erzählt die Geschichten vieler Reisen, die diesen Ort kreuzten.

hinzufahren. Nun zugegeben, der Hafen ist klein und an sich im Vergleich zu anderen nicht besonders spannend. Und doch umgibt ihn eine ganz besondere Aura. Zunächst ist da diese typisch lockere schwedische Art: »Diesel? Klingel mal bei dem alten Herrn da vorn, der bedient die Tankstelle.« Dazu zählt auch das offen stehende Klubhaus des örtlichen Segelvereins, in dem das Hafengeld ganz ohne Kontrolle einfach in einen Briefkasten geworfen wird. Alle eintreffenden Gäste freuen sich ganz besonders, hier zu sein, und der Blick über die Ostsee ist einfach weiter und tiefer als anderswo. Und dann ist da vor allem das Herzstück des Hafens, nämlich der Aufenthaltsraum des Klubhauses. Dieser ist eine Art Tempel für Ostseesegler, der über und über mit Wimpeln unzähliger Segelvereine und kleinen Geschichten an den Wänden verziert ist. Sogar die Bänke sind fast wie in einer Kirche aufgestellt. Man kann das für übertrieben halten, aber das ist tatsächlich ein kleines Heiligtum. Wer nun einen antiken Tempel mit griechischen Säulen erwartet, wird vielleicht enttäuscht. Und wer sowieso meint, dass das alles überflüssiges Getue wäre, dem möchte ich diesen Ort auch nicht ans Herz legen. Für jeden anderen Entdecker ist das hier jedoch ein kleines Eldorado. Auch ich lasse die Stander meiner beiden Segelvereine da und freue mich sehr, es bis hierher geschafft zu haben. Haparanda ist, was man daraus macht. Und jeder Segler, in dem dieser kleine Entdeckerfunke glüht, wird dem Ort etwas ganz Besonderes abgewinnen können. Dazu kommt für mich dann noch, dass der Sommer zurückkehrt. Ausgerechnet hier oben, nur wenige Dutzend Kilometer vom Polarkreis entfernt, steigt die Temperatur nun auf einmal auf 25 °C, dazu weht ein lauer Wind. Ist logisch, oder? Seitdem der Nebel sich gestern Nachmittag gelichtet hat, ist wieder Sommer, fast so, als ob man im Restaurant die Haube vom Essen gehoben hätte.

Für jeden anderen Entdecker ist das hier jedoch ein kleines Eldorado.

Nebenbei ist Haparanda auch meine erste Station in Schweden, was ich gleich mit einem Hotdog bei Ikea in Haparanda City feiere. Haparanda ist aber auch ein guter Punkt, um einmal innezuhalten. Abends auf der Hafenmauer lasse ich meinen Blick über den Horizont Richtung Süden schweifen und denke an alles, was vor und hinter mir liegt. Meine kleine Reise ist mit dem Erreichen von Haparanda am Scheitelpunkt des

Fest an der nördlichsten Tonne der Ostsee in Törehamn, kurz vor dem Polarkreis. Weiter geht es nicht.

Bottnischen Meerbusens ganz nebenbei auch zu einer Rund-Ostsee-Fahrt geworden. Das war zwar nicht von Anfang konkret geplant, spukte aber doch irgendwie als Schnapsidee in meinem Kopf herum. Und nun sitze ich hier in ähnlicher Stimmung wie vor fast drei Monaten auf Christiansø am Wasser und freue mich nur umso mehr.

Doch da gibt es noch einen Hafen, der noch etwas nördlicher liegt. Bei Haparanda befindet sich nämlich nicht der nördlichste Punkt der Ostsee. Dieser liegt noch eine Tagesreise entfernt in Törehamn. Und genau da geht es jetzt hin. Denn in Törehamn gibt es eine kleine Tonne, die den nördlichsten Punkt der Ostsee markiert. Mein Tagesziel ist also, an dieser Tonne festzumachen.

Zunächst aber geht es durch die wunderbaren Norrbottenschären und den Törefjord. Das Land ist schier endlos bewachsen und wirkt dennoch karg, da fast nirgends Ortschaften oder Ähnliches zu sehen sind. Der Weg durch den Fjord zieht sich und mit jedem Moment steigt meine Anspannung. Eigentlich ist Töre nur ein verlassener Industriehafen mit eben

65°54,071´N. Törehamn, der nördlichste Hafen der Ostsee.

dieser einen Tonne, doch wie schon in Haparanda eilt dem Ort ein Ruf voraus. Gegen Abend habe ich es dann geschafft. Die nördlichste Tonne der Ostsee kommt in Sicht und ich mache an ihr fest, auf 65°54,071 nördlicher Breite, nur wenige Kilometer vom Polarkreis entfernt. Damit habe ich die gesamte Ostsee von Süden nach Norden allein bereist. Ich freue mich riesig. Es mag sein, dass nicht jeder das Festmachen an einer Tonne in einem entlegenen Winkel Europas wirklich spannend findet, doch für mich ist das heute Abend anders. Gänsehaut, pure Freude, Adrenalin, Aufregung. Mein ganzer Körper signalisiert mir, dass das Festmachen hier etwas ganz Großes ist. Ich hab den ganzen Weg bis hierher geschafft. Wie in einem Film laufen die letzten Monate vor mir ab. Allein dieser Film ist die Fahrt hierher wert. Ich kann nur jedem Segler diesen Törn hierher ans Herz legen. Es gibt sicherlich andere schöne Ziele, aber kein Ort ist so besonders wie Töre. Ich mag einfach Endpunkte in jeglicher Form. Sie geben meiner Reise Konturen. Und weil Freude sich steigert, wenn man sie teilt, ist Papa auch nach Törehamn gekommen. Spaß beiseite. Es ist Zufall, dass er gerade hier zusteigt, aber das macht den Moment natürlich doppelt so schön. Immerhin haben wir uns seit drei Monaten nicht gesehen, und nun wird er mich für einige Tage begleiten. Was dann folgt, ist einfach köstlich:

Der Platz auf der NONSUCH ist ziemlich begrenzt. Nichtsdestotrotz steht Papa mit zwei Taschen und drei Tüten auf dem Steg. Fragend deute ich auf den Kram: »Alles dein Gepäck?«

»Das sind ja wohl mehr oder minder deine Bestellungen!«, entgegnet Papa leicht genervt.

Kenner haben es bereits erkannt: Genau derselbe Dialog hat sich auch zwischen Davies und Carruthers bei ihrem Zusammentreffen abgespielt. Auch in Zeiten von Kartenplotter und Amazon ändern sich einige Sachen einfach nicht. Wenn dich ein Mitsegler in entlegenen Regionen besucht, wird vorher eine ellenlange Liste mit Bestellungen abgegeben. Mindestens die Hälfte davon sind jedoch Sachen, die man entweder nicht braucht oder demnächst nur möglicherweise brauchen könnte. Unter anderem befindet sich in Papas Gepäck auch ein neuer elektrischer Wasserkocher. Mein 12-Volt-Modell hat mir ja schon einige Schwierigkeiten bereitet, beinahe wie ein alter »Rippingille No. 3«-Ofen vor 100 Jahren. Fast könnte man meinen, hier liefe ein Remake meines Lieblingsbuchs, aber der Spruch fällt tatsächlich exakt so:

Törehamn.

»Der war zwar nicht wirklich nötig, aber man kann ja nie wissen!«
Immerhin werfe ich den alten Kocher nicht gleich über Bord, sondern in die nächste Tonne. Wenigstens in der Hinsicht hat sich das Seglervolk in den letzten 100 Jahren etwas entwickelt. Wir beschließen, erst mal in Törehamn zu bleiben. Der Hafen ist wesentlich netter, als er oft beschrieben wird. Am Hafen selbst befindet sich zwar ein verlassenes Betonsilo, doch dahinter ist ein wirklich netter kleiner Campingplatz, der von einem älteren schwedischen Ehepaar während der Sommerferien betrieben wird. Hier wird das Hafengeld bezahlt, es gibt einen kleinen Kro und hier erhält man auch das Zertifikat über das Erreichen des nördlichsten Punkts der Ostsee. Da wir im Ort keine andere Gelegenheit zum Essengehen finden, kehren wir hier ein und speisen typisch schwedisch: Rentiergeschnetzeltes mit Kartoffelbrei und Preiselbeeren. Herrlich! Der Abend gerät dann besonders eindrucksvoll, da sich zu dem mittlerweile schon fast gewohnten Abendrot noch ein feiner

Haparanda kommt in Sicht. Das magische Spiel von Licht und Wolken macht den Moment noch schöner.

Dunst über der nördlichsten Bucht der Ostsee gesellt. Wir sitzen bis tief in die Nacht, die hier oben gar keine ist, im Boot und genießen die gemeinsame Zeit. Wieder kommt dieses Mittelerde-Gefühl wie in Haparanda auf. Mehr als einmal schaue ich noch rüber zu der nördlichsten Tonne, diesem unförmigen Stück Blech, um das immer jede Menge Wirbel gemacht wird. Jedes kleine bisschen davon ist nur zu berechtigt.

In mir macht sich eine tiefe, warme Zufriedenheit breit, daneben aber auch die angesammelte Erschöpfung der letzten Wochen. Daher beginnen wir die gemeinsamen Vater-Sohn-Tage mit einem Hafentag. Nachdem ich meine beiden großen Ziele Haparanda und Töre erreicht habe, schaltet mein Körper erst einmal ab. Selbst lesen ist mir fast schon zu anstrengend und so vertrödeln wir den ganzen Tag. Egal, ich bin angekommen. Ab jetzt ist Urlaub angesagt, denn ich habe damit mehr erreicht, als ich erwartet hatte. Zwar war Törehamn ein Traum von mir, aber wirklich gerechnet hatte ich damit nicht. Umso größer ist jetzt die Freude.

Zwei Sommermärchen und ein glücklicher Einsiedler (Schweden)

8. Juli bis 7. August, 2569 Seemeilen

Aus dem Logbuch:

20. Juli 2014, vor Anker, Häggvik | 58. Seetag, 2145 Seemeilen
Bei feinstem Urlaubswetter geht es gen Süden. Ich habe es irgendwie gar nicht eilig. Ganz langsam gleite ich den ganzen Tag nur mit dem Gennaker dahin und liege faul in der Sonne. Ich freue mich über diese Tiefenentspannung und genieße die vorbeiziehende Höga Kusten. Wahnsinnige Szenerie.
Als Ankerplatz habe ich Häggvik ausgesucht. Die Anfahrt durch die Fjorde in absoluter Stille ist ein Traum. Die Berge sind bis zu 400 Meter hoch und fallen manchmal fast senkrecht ins Wasser ab. Als ich den Anker fallen lasse, bemerke ich, dass die PALVE im nahen Hafen liegt. Also rübergerudert und zusammen den Abend genossen. Mir geht es gut!

Nach drei Monaten beginnt nun also der Rückweg. Das fühlt sich aber gar nicht so an. Bei brennend heißem Sonnenwetter geht es nach Luleå, wo wir hoffentlich das Spiel Deutschland gegen Brasilien sehen können. Klaus hält uns dort schon seit einem Tag einen Liegeplatz warm. Die PALVE hat das Norrbottenkreuzfahrt-Ausflugsprogramm mit Töre und Haparanda einen Tag schneller absolviert und ich bin ihnen mal wieder dicht auf den Fersen. Noch völlig siegestrunken vom gestrigen Fußballspiel, bei dem am Ende jeder Gast der örtlichen Sportsbar Deutscher sein will und uns fast die Schultern wund klopft, beginnt der nächste Tag erst spät. Es ist schon komisch. Seit Wochen habe ich über das miese Wetter gemault, und hier oben jenseits des 65. Breitengrads denkt Papa bei seiner Ankunft, der Pilot hätte sich verflogen und wäre in Griechenland gelandet. Selbst beim Stadtbummel achten wir immer peinlich genau darauf, auf der Schattenseite der Straße zu laufen.

Auf See ist die Hitze jedoch wesentlich besser zu ertragen, weshalb wir hier nicht lange bleiben. Auch die Schweden sind mittlerweile auf dem Wasser unterwegs, sodass es an der Tankstelle zum Stau kommt. Die ist sowieso ein Highlight, denn dort geht es zu wie am Schlemmerbüffet eines hauptsächlich von Deutschen bevölkerten Clubhotels in südlicheren Gefilden. Da wird unter Fendereinsatz (!) vorgedrängelt, es gibt

Stress? Nö ...

Bikinischönheiten als Tankhilfen und aufgrund der einen oder anderen alkoholischen Erfrischung wird auch mal die Dieselmit der Benzinpistole verwechselt. Bei einem geschätzten 300-Liter-Tank im Motorboot ist das wohl ein eher teurer Spaß. Draußen in den Schären ist es aber angenehm still und einsam, und wir genießen die Ruhe in den wilden, oft menschenleeren Buchten. Es scheint, als ob sich selbst die Schweden in der Hauptsaison Anfang Juli kaum hierher verirren.

Ich ziehe es häufig vor, eine Gegend selber zu entdecken. Aber schon Wilfried Erdmann hat von einem Platz hier oben besonders geschwärmt: Ratan. Und genau dahin führt unser Weg nach einigen Tagen und einer weiteren »Nachtfahrt«. Wir kommen dort morgens um fünf Uhr an, während die Sonne hoch am Himmel steht. Also krabbeln wir bei einem Sonnenstand wie zu schlimmsten Studentenzeiten in die Kojen. Die PALVE ist mal wieder einen halben Tag vor uns eingelaufen, und Klaus denkt mittlerweile ernsthaft darüber nach, Spoiler und Rallyestreifen an seiner Rassy anzubringen, um mich und die kleine NONSUCH endlich abzuhängen.

Vor Anker in Schwedens Nordschären. Viel einsamer geht es nicht.

Ratan entpuppt sich tatsächlich als das perfekte schwedische Idyll mit weißen Holzmöbeln und alten roten Holzhäusern. Pausenlos warte ich darauf, dass Pettersson und Findus um die Ecke streunen. In der Dorfmitte stehen ein langsam vertrocknender Mittsommerbaum und eine riesige Schweden-

flagge. Der Hafen selbst ist eigentlich nur eine alte Holzpier in einem Sund zwischen Ratan und einer vorgelagerten Schäre. Das perfekte Sommeridyll. Nur eine Frage geistert mir durch den Kopf: Was macht man eigentlich den ganzen Tag, wenn man hier wohnt? Die Antwort liefert Frederik, in Personalunion Vorsitzender des Langlaufclubs, Feuerwehrmann, Hafenmeister und Bezirksförster:

»Im Sommer ist es hier herrlich. Die Tage enden nicht, ich gehe viel fischen, niemand stört mich, und mache Liebe mit meiner Frau.«

»Und im Winter, wenn es hier monatelang nicht hell wird?«

»Joa, da kann ich halt nicht fischen gehen.«

Vielleicht sollte ich doch in ein kleines nordschwedisches Dorf ziehen ...

Es ist jeden Tag weit über 30 °C warm, aber der leichte Südwind macht die Hitze erträglich. Zwar wollen wir nach Süden, aber der Gegenwind stört mich zum ersten Mal überhaupt nicht. Entweder werde ich mit meinen 24 Lenzen schon altersmilde oder die Tiefenentspannung setzt langsam wirklich ein. Daher zieht es unsere deutsche Reisegruppe auch erst nach drei Tagen weiter. So schön Ratan ist, jetzt brauchen wir dringend einen Fernseher für das WM-Finale. Die Zivilisation ruft.

Die Höga Kusten (Dt. Hohe Küste). Der vielleicht schönste Teil der Ostsee.

Ein warmer Sommerabend auf dem Boot, am besten noch vor Anker. Freunde und gute Gespräche an Bord, dazu kalte Getränke und ein schöner Sonnenuntergang. Der perfekte Sommerabend auf dem Meer. Hier eine Musikidee dazu.

1. Chan Chan	Buena Vista Social Club
2. I See Fire (Kygo Remix)	Ed Sheeran & Kygo
3. Ever Never	Ante Perry vs. Tube & Berger
4. Caje	Niconé & Sascha Braemer
5. Gotta Have U	Touch & Go
6. Another Day In Paradise	Phil Collins
7. Flume	Bon Iver
8. All That Matters (Andhim Remix)	Kölsch feat. Abrahamsen
9. Heaven (Where True Love Goes)	Yusuf
10. Crockett's Theme (Miami Vice)	Jan Hammer

Eine Kneipe wie in Turku oder Luleå, ein Segelclub mit Klubraum und TV wie in Vaasa oder wenigstens ein zuverlässiges WLAN soll es sein. Der erste Versuch scheitert: Der kleine Ferienbetrieb auf der Insel Norrbyskär hat geschlossen, denn die Eigentümer fahren zum 80. Geburtstag von Oma aufs Festland. Na prima. Die einzige sichere Alternative ist Umeå. Dort angekommen ist der erste Eindruck allerdings ernüchternd: Der Hafen liegt direkt neben dem Handelshafen mit der hiesigen Papierrecycling-Industrie. Nach der Idylle der letzten Tage in Haparanda, Mellerstön und Ratan ist das der komplette Kontrast. Trotzdem winkt Klaus geradezu euphorisch vom Steg:

Petrus scheint Deutschlandfan zu sein, und so bleibt uns der Sommer in den nächsten Tagen erhalten.

»Die haben hier einen Fernseher!«

Sogar in 50 Zoll. Es ist schon witzig. Monatelang jagen wir den idyllischsten Plätzen hinterher, und am Ende kann auch der heruntergekommenste Hafen genauso schön sein – wenn Gesellschaft und Anlass passen. Im Lauf des Tags gesellen sich noch weitere Boote dazu, und die Zeit bis zum Abend wird mit Bier, Grillen und Fußballfachsimpeleien verbracht. Der Rest

Ratan. Ein schwedisches Bilderbuchidyll. Rote Häuser, weiße Möbel. Pausenlos warte ich darauf, dass Petersson und Findus aus den Kinderbüchern um die Ecke schauen.

Vor Anker.

des Abends ist Geschichte. Nach dem Spiel werden zwar noch einige Freudengesänge angestimmt, auf den Bootskorso verzichten wir aufgrund des allgemeinen Alkoholpegels aber. Das erste Sommermärchen ist perfekt.

Petrus scheint Deutschlandfan zu sein und so bleibt uns der Sommer in den nächsten Tagen erhalten. Zwar trennen sich die Wege der PALVE und der NONSUCH erst mal, dafür liegt nun die Höga Kusten vor uns, ganz klar das beste Revier der ganzen Reise. Schon die Anfahrt ist beieindruckend. Nach den endlosen Seemeilen entlang der flachen und optisch eintönigen baltischen Küste oder den flachen finnischen Schären bin ich von der bergigen Szenerie völlig überwältigt. Der Horizont wird von mehreren 100 Meter hohen Bergen gesäumt, die zusammen mit den vorgelagerten Inseln zum Wasser hin steil abfallen. Man fühlt sich eher wie in den Fjorden Norwegens als in einer schwedischen Schärenlandschaft. Malerische Sommerdörfer, verlassene Fischersiedlungen und unzählige Naturhäfen, tiefes Wasser zwischen den Inseln und kaum Untiefen machen das Ganze wirklich zu einem perfekten Segelrevier wie aus dem Lehrbuch. Wir verbringen mehrere schöne Tage, bevor Papa mich nach zwei Wochen wieder verlässt, doch der letzte Tag wird zum schönsten. Besser kann man sich einen Segeltag nicht vorstellen:
Wir wollen noch mal so viel wie möglich von der Höga Kusten mitnehmen und haben daher eine kleine Rundfahrt geplant.

Kein Stress, Sonne und ein gutes Buch. Der perfekte Segelsommer.

Bei traumhaftem Wetter, guter Musik und leichter Brise geht es zunächst nach Mjälton, das ausschließlich von Naturhäfen und Ankerbuchten erschlossen ist. Für unseren Mittagsstopp wählen wir die Bucht im Osten, die sich – kreisrund, mit nur einem kleinen Flaschenhals als Einfahrt und durchgehenden Tiefen zwischen drei und fünf Metern – wie eine Ankerbucht aus dem Lehrbuch präsentiert. Sie ist dermaßen perfekt, dass man wahrscheinlich selbst eine alte Kloschüssel mit Leine als sicheren Anker verwenden könnte. Wir drehen eine kleine Runde über die Insel und genießen Kiefernwald und Blumenwiesen. Weiter geht es dann nach Marviksgrunnar. Das ist ein winzig kleines, verlassenes Fischerdorf und der Tipp eines Freundes. Karten gibt es vom Hafen, der ungefähr noch eine Wassertiefe von 1,20 Meter hat, keine. Daher ist das dann der große Auftritt für NONSUCHS Kielschwert. So gelangen wir in das winzig kleine Hafenbecken, das noch nicht einmal eine komplette Drehung erlaubt. Einige Schweden haben die ehemaligen Fischerhütten zu Sommerhäusern umgebaut. Dennoch macht alles einen unglaublich verschlafenen Eindruck. Mehrere Stunden streunen wir durch das Dorf und seine Umgebung – die perfekte Idylle!
Letztes Ziel des Tags ist dann Ulvöhamn. Der Weg dorthin führt zunächst durch einen kleinen Sund. Der Wind ist eingeschlafen, die Sonne brennt, aber irgendwie stört das heute überhaupt nicht. Sommergefühl pur macht sich breit. Überall am Rand des Sunds genießen die Schweden den Tag am Strand,

auf den vor Anker liegenden Booten oder gleich im Wasser. Die schwedische Art, nicht nur Mittsommer, sondern den ganzen Sommer zu genießen und regelrecht zu zelebrieren, gefällt mir immer besser.

Der perfekte Sommertag endet mit Bootsblick auf der Terasse des Ulvöhamn Hotels.

In Ulvöhamn angekommen geht es zunächst an die Tankstelle. Das wäre nicht weiter erwähnenswert, wenn das Bezahlterminal der Tankstelle beim Auswählen der Menüsprache nicht gleich auch noch die passende Nationalhymne in Hafenlautstärke spielen würde. Jeder weiß sofort: Die Weltmeister sind hier! Der Ort ist ein typisches verschlafenes Feriennest, in dem der schwedische Sommer ebenfalls überall spürbar ist. Daher werde ich hier noch einige Tage verbringen. Bisher war die Tour wegen des Wetters, und weil ich mich selber unter Druck gesetzt habe, bisweilen ja doch ein ziemliches Gehetze, aber hier lässt es sich wirklich aushalten. Besser wird es nicht.
Der Gasthafen liegt direkt vor der Front eines Hotel im Ort. Gerade will ich ein kleines Abendessen zaubern, da ist Papa schon von Bord gesprungen. Mal wieder höre ich Carruthers Stimme im Kopf.
»Rindfleisch mit brauner Soße à la NONSUCH. Seit Wochen gibt es nichts als Rindfleisch mit brauner Soße.« Schon wieder eine Sache, die sich in den letzten 100 Jahren seit dem *Rätsel der Sandbank* nur minimal weiterentwickelt hat. Ich lache in mich hinein. Wenigstens muss ich kein Dinnerjacket tragen.

Sommermärchen Nr. 1: Die Weltmeister sind unterwegs!

»Wenn ich schon wochenlang deine Kochkunst ertrage, dann kannst du ja wohl einmal mit mir essen gehen.«
Immer mehr lache ich darüber, wie mich die alten Geschichten auf dieser Reise begleiten. Das gibt dem Segeln so etwas Zeitloses und Beruhigendes.
So endet der Abend dann auf der Hotelterrasse im nordischen Dämmerlicht bei einem perfekten Dinner und Gin Tonic mit Blick auf das eigene Boot. Kann es ein besseres Dinner geben? Ein perfekter Tag und das zweite Sommermärchen innerhalb einer Woche.

Nun bin ich wieder solo unterwegs und verspüre immer weniger Eile. Den ganzen Tag hindurch gleite ich die einmalige Szenerie der Höga Kusten entlang. Zu dem perfekten Wetter kommt, dass es hier immer noch sehr leer ist. Es ist Mitte Juli und natürlich sieht man in den Häfen hier und da ein paar Boote, aber tagsüber bin ich auf dem Wasser fast immer allein. Ich stehe kaum mal auf und lasse Windpilot und Gennaker die ganze Arbeit machen. Am Ende bin ich den ganzen Tag unterwegs und habe keine 15 Seemeilen hinter mich gebracht. Das entspricht einem Tagesschnitt von vier Stundenkilometern. Dafür brennt die Sonne unnachgiebig vom Himmel. Das ist feinstes Badehosensegeln mit einem guten Buch und einer kalten Cola aus der Kühlbox dabei. Ich kann gar nicht

viel über diese Tage schreiben, denn mein Kopf ist dabei im positivsten Sinn einfach leer.
Und doch beginne ich, so langsam darüber nachzudenken, was ich von dieser Reise eigentlich mitnehme. Ich wollte einfach ein bisschen Segeln gehen und ein paar Abenteuer erleben. Das habe ich auch definitiv schon geschafft. Darüber hinaus nehme ich aber immer mehr Lektionen für den Alltag mit. Pläne ändern sich, und das kann manchmal zu tollen neuen Erfahrungen führen. Manchmal muss man sich durch Mistwetter oder Aktenberge und Klausurphasen einfach durchkämpfen und zum Schluss wartet doch wieder ein Licht am Ende des Tunnels. Auf jeden Fall hilft ein Blick über den Tellerrand hinaus immer. So manche meiner Einstellungen verändern sich immer stärker, seitdem ich aus dem Leistungsleben ausgebrochen bin. Immer mehr beginne ich, diese Reise nicht nur als Urlaub, sondern als persönliche »Weiterbildung« zu begreifen. Ich bin mir mittlerweile sicher, dass ich so manche Herausforderung am Ende dieser Reise anders angehen werde. Vielleicht hilft es, sich erst einmal klar zu werden, was einen wirklich glücklich macht, bevor man sich irgendwo ernsthaft engagiert. Sonst fragt man sich am Ende nämlich schnell, wofür man das alles überhaupt macht.

Am Abend lasse ich den Anker in einer traumhaften kleinen Bucht fallen und erspähe im kleinen Hafen am anderen Ende der Bucht nach fünf Tagen mal wieder die PALVE. Also rudere ich schnell rüber. Wir begrüßen uns mit der typischen Freundlichkeit unter Seglern: »Och nee, nicht du schon wieder!«, und verbringen einen wunderbaren Abend.
Die folgenden Tage lasse ich mich einfach mit der neu gewonnen Entspanntheit Richtung Süden treiben. Ich ankere viel, genieße den Sommer und mache Urlaub vom Urlaub. Denn auf so einem langen Törn habe ich nicht immer das Gefühl, ich wäre im Urlaub. Ich habe einfach nur einen anderen Alltag. Stellt euch vor, ihr habt für ein halbes Jahr euren absoluten Traumjob. Auch da wollt ihr manchmal abschalten und euch freinehmen. Hier an Bord sieht das dann so aus, dass ich nicht mehr abwasche oder aufräume und mir überhaupt keine Ziele vornehme, sondern nur faulenze. So halte ich es auch jetzt.

Ein Video »Wetter an Bord« finden Sie unter www.delius-klasing.de/segelsommer.

Irgendwann packt mich aber wieder das Segelfieber und es zieht mich weiter. Spätestens ab Sundsvall ist die Höga Kusten vorbei und ich beschließe ganz spontan, mich durch die Nacht treiben zu lassen. Dieser Törn durch die Nacht beendet die traumhaften Sommertage im Norden Schwedens, denn mein Tagesziel Öregrund markiert das Ende des Bottnischen Meerbusens. Dieses einzigartige Revier hat mich fasziniert. Neben der Natur und dem Sommerwetter war es vor allem die Einsamkeit. Selbst Mitte Juli habe ich dort immer noch Platz zum Atmen gehabt.

Das änderte sich mit Öregrund, rund 50 Seemeilen nördlich von Stockholm. Ich fühle mich, als ob ich durch die Nacht mitten in einen Cluburlaub gesegelt wäre. Seit meiner Abfahrt war ich fast immer allein unterwegs, dem wirklichen Saisonbetrieb war ich immer voraus. Hier aber bin ich mitten in den schwedischen Sommerferien gelandet. Noch immer liegen die Tagestemperaturen locker über 30 °C und so ist es hier brechend voll. Um Liegeplätze wird gekämpft, die Restaurants am Wasser sind vom frühen Abend bis Mitternacht ausgebucht; Sommerleben pur. Das klingt zwar zunächst etwas abschreckend, jedoch genieße ich nach dem einsamen Frühjahr selbst diesen Trubel für einige Zeit – ganz im Gegensatz zu einigen anderen Skippern, die den Urlaub eher als Kampf gegen Liegeplatznachbarn, Ehefrauen und die Meilenkonten der Klubkameraden führen. Einmal mehr wird mir mein Glück bewusst.

In Öregrund lande ich mitten in der Hochsaison.

In Öregrund feiere ich dann noch eine Premiere und gleichzeitig einen Abschied: Ich bin Erster! Von Sundsvall am südlichen Ende der Höga Kusten aus bin ich in einem langen Schlag über

Nacht bis hierher gefahren. Wenige Stunden nach mir macht die PALVE fest. Klaus ist fassungslos, dass ich ihn am Ende des Bottnischen Meerbusens dann doch noch überholt habe. Seit über einem Monat treffen wir uns nun immer wieder und haben uns durch diese Gewässer hin- und zurückbegleitet. Heute aber trennen sich mal wieder die Wege einer Seglerfreundschaft. Wie schon bei Timo haben wir uns fast jeden Morgen vorm Ablegen voneinander verabschiedet, seit einem Monat. Heute ist der Abschied aber endgültig.

Denn bevor ich mich vom Kampf an der Urlaubsfront einholen lasse, verhole ich mich lieber auf die Åland-Inseln, die quasi das Zentrum aller Rund-Ostsee-Routen darstellen. Sie sind der Kreuzungspunkt für alle Routen zwischen Stockholm, Haparanda, dem Süden und dem Finnischen Meerbusen und vor allem ein Sehnsuchtsziel der deutschen Segler. Traumhafte Buchten, Einsamkeit, anspruchsvolle Navigation und vor allem Mariehamn – Heimathaften der weltweit letzten Frachtsegler

Sommer auf den Åland-Inseln.

und Seglerhotspot. Ich selbst war noch nie dort. Nach meinem Cluburlaubsintermezzo in Öregrund ist das aber genau das Richtige für mich.

Die erste Nacht verbringe ich in der kleinen Lotsenstation von Kobba Klintar. Eine Dose Bier, der Sonnenuntergang und das felsige Ufer der kleinen vorgelagerten Insel, die sogar die Titelseite des Revierführers schmückt, laden auch hier wieder zum Nachdenken über die Erlebnisse der letzten Wochen ein. Noch nicht einmal ein ausgedehnter Mückenschwarm vermag die Eindrücke dieser wunderbaren Landschaft zu trüben.

Gleichzeitig passe ich mich den Bräuchen der Hochsaison an und bin in bester deutscher Hochsaisontradition schon vormittags im Hafen von Mariehamn. Dort bekomme ich tatsächlich nur noch einen der letzten Plätze, aber wenigstens mit Blick auf die POMMERN. Hier sind Segler aus über 15 Nationen im Hafen, sogar Isländer hat es hierher verschlagen. Irgendwie vermittelt diese Fülle eine ganz andere Stimmung. Sie ist unheimlich fröhlich, relaxt und international. Man hört zahlreiche verschiedene Sprachen, was einem zwar auch an anderen Orten passiert, aber irgendwie wird Mariehamn seinem Ruf als Dreh- und Angelpunkt aller Ostseereisen gerecht. Die Stimmung ist einfach nur genial. Als dann neben mir auch noch die EISBEERE mit einem jungen deutschen Paar und ihren

Die beste Pizza der Welt gibt es auf dem 60. Breitengrad. Blick auf die POMMERN inklusive.

Freunden an Bord festmacht, ist die Stimmung perfekt. Eine neue Seglerfreundschaft beginnt. Ich mag das Einhandsegeln zwar als sportliche Herausforderung, aber ich bin kein Eremit. Es hat sich nur einfach niemand gefunden, der sich so lange Zeit nehmen wollte wie ich. Umso mehr genieße ich jede neue Bekanntschaft. Seit Kaliningrad – vor über drei Monaten – bin ich nie länger als zwei Tage ohne Kontakt zu anderen Seglern geblieben. Einhandsegeln ist also sogar ziemlich kommunikativ, denn so viele neue Freunde hätte ich mit Crew bestimmt nicht gefunden.

Wir verstehen uns jedenfalls auf Anhieb und genießen die Sommerstimmung. Es ist warm, keiner hat Termine, die Drinks sind kalt und wir haben die beste Aussicht. Ich erkunde mit Luke und seiner Crew die Stadt und genieße es, mal wieder länger als einen Tag unter Gleichaltrigen zu sein. Am Abend gibt es dann das nächste Highlight: Pizza in Mariehamn, direkt unter dem Heck der POMMERN. Und auch hier stimmen die Erzählungen – die Pizza ist tatsächlich die beste, die ich außerhalb von Italien je probiert habe. Am Ende wird jeder Hafentag in Mariehamn mit einer Pizza gekrönt.

Als die EISBEERE weiterzieht und ich immer noch zu träge für alles bin, verspüre ich das Verlangen, einen Moment an einem Ort zu verweilen. Das ging mir zuletzt in Ratan und Ulvön so. Und auch hier in Mariehamn habe ich nun das Gefühl, nicht sofort wieder los zu müssen. So langsam dämmert es mir, dass das wohl auch daran liegt, dass ich bereits so viel auf dieser Reise gesehen habe, um ein wenig ruhiger werden und wirklich abschalten zu können. Sind viele ältere Menschen vielleicht deswegen so entspannt? Hilft es, sich bereits Erlebtes vor Augen zu führen, um innere Ruhe zu finden? Ich mache

jedenfalls heute mal gar nichts. Das mache ich zwar sonst auch manchmal, aber heute nehme ich mir mal auch nichts vor.

Dabei muss ich ein herrliches Bild abgeben: Der Autopilot steuert, die Musik brüllt und ich vertilge in Badehose die auf der Sprayhood geparkte Pizza.

Am Dienstag, nach drei Hafentagen, zieht es mich dann aber weiter. Komisch, mich so lange festzuhalten, schaffen wirklich nicht viele Plätze, aber Mariehamn ist einfach eine perfekte Mischung. Ich verlasse den Hafen selbstverständlich nicht ohne eine Pizza »to sail«. Der Wind ist schwach, das Thermometer klettert wieder über 32 °C. Badehosensegeln ist angesagt. Es geht nur langsam voran, doch ich möchte sowieso nur irgendeine nette Insel erreichen. Mir ist es egal, wie weit ich heute komme. Dabei muss ich ein herrliches Bild abgeben: Der Autopilot steuert, die Musik brüllt und ich vertilge in Badehose die auf der Sprayhood geparkte Pizza. Königsstimmung. Kann der Sommer noch besser werden?

Zufällig treffe ich im Inselwald der Ålands noch einmal auf Lukes EISBEERE. Ein ungeplantes Wiedersehen ist gleich doppelt so schön, selbst wenn wir uns über die letzten 48 Stunden nicht viel zu erzählen haben. Wir beschließen, das Seglerparadies der Åland-Inseln tags drauf zusammen Richtung Stockholmer Schären zu verlassen. Es ist Mitte der Woche und ein Wochenende in einer der schönsten Städte Europas in Gesellschaft hat seinen ganz besonderen Reiz.

Auf den Ålands reicht der Horizont etwas weiter als anderswo.

Wir können uns nur schwer von den Ålands trennen. Diese Mischung aus Mariehamn mit ihrem Charakter als Seglerhauptstadt der Ostsee und den traumhaften Schärenlandschaften in direkter Umgebung bietet einfach alles, was man sich wünschen kann. In Schweden angekommen, sind wir dann leider wieder mitten in der »schlechten« Hochsaison gelandet. Dazu kommt, dass sich die Stockholmer Schären nicht als das erwartete Traumrevier entpuppen, und das gleich aus mehreren Gründen. Im ersten (öffentlichen) Hafen machen uns die Schweden deutlich, dass sie auf den letzten freien Plätzen lieber Schweden gesehen hätten. Das wundert uns doch sehr und klärt sich erst im Vänersee auf, wo Göteborger Segler mir kurz und knapp erklären: »Das ist normal, Stockholmer sind grundsätzlich immer Arschlöcher.« Naja, das ist vielleicht etwas hart ausgedrückt, aber irgendwas ist da dran.

Die Landschaft ist zwar schön, die Fahrwasser sind aber sehr verwinkelt, eng und verlaufen nie in einer generellen Richtung. So lassen sich das Kreuzen und Motoren nie ganz vermeiden. Zusammen mit dem vielen Verkehr durch Fähren, Ausflugsboote und die normale Handelsschifffahrt wird das irgendwann zu anstrengend für mich allein und der Motor übernimmt.

Wer von den Stockholmer Schären schwärmt, redet meist auch von einsamen Nächten vor Anker. An unserem nächsten Tag geben wir die Suche aber entnervt auf, als auch in der gefühlt 27. angelaufenen Bucht bereits über zehn Schiffe liegen, und drücken uns in die letzte freie Ecke. Der schwedische Begriff »Naturhafen« scheint wohl wirklich eine Hafenladung Schiffe an einem Platz in der Natur zu meinen.

Es mag sein, dass mein Eindruck von diesem Revier der Hochsaison geschuldet ist. Immerhin sind immer noch schwedische Sommerferien. Vielleicht aber habe ich in diesem Jahr auch schon zu viele wundervolle Plätze gesehen, um einen »normal schönen« wirklich schätzen zu können. Luke, der wie ich eine berufliche Auszeit vor dem Ernst des Lebens nutzt, um einige Monate unterwegs zu sein, teilt diesen Eindruck, und so nehmen wir uns vor, das Beste aus dieser Situation zu machen. Immerhin sind wir überhaupt auf dem Wasser. Ich schwinge mal wieder den Kochlöffel. Ein gemeinsames Abendessen, einige nur teilweise freiwillige Badegänge und die Aussicht auf ein Wochenende in Stockholm lassen uns auch die letzten paar Tage Hochsaison überstehen.

Das engste Fahrwasser der Reise.

Rushhour in den Stockholmer Schären. Keiner nimmt Rücksicht und mir ist es hier zu voll.

Die »einsamen« Buchten in den Stockholmer Schären teilt man sich oft mit 15 anderen Booten …

Wieder mal ein schnelles Rezept. Auch hier sind die Zutaten lange haltbar oder zumindest in jedem schwedischen Minimarkt zu bekommen.

Zitronen-Petersilien-Huhn

Zutaten für zwei Personen:
½ Hühnerbrust pro Person
125 Gramm Reis (ein Kochbeutel)
zwei bis drei Zitronen
½ Bund Petersilie
50 Gramm Butter
Salz
Pfeffer
gegebenenfalls Thymian

1. Zunächst die Petersilie waschen, zupfen und klein hacken. Die Zitronen auspressen, Saft beiseitestellen.

2. Die Hühnerbrüste mit den ausgepressten Zitronen und Gewürzen nach Wahl (hier Thymian) einreiben, salzen und pfeffern.

3. Als Nächstes etwas Butter in der Pfanne zerlassen und die Hühnerbrüste darin von beiden Seiten jeweils circa sechs Minuten (je nach Bräunungsgrad und verwendetem Herd) anbraten. Zeitgleich den Kochbeutelreis in ausreichend leicht kochendes Wasser geben. Er ist fertig, sobald der Beutel vom Inhalt prall gefüllt ist.

4. Die gegarten Hühnerbrüste und den Reis auf den Tellern anrichten. Die restliche Butter in der Pfanne zerlassen, Zitronensaft und die gehackte Petersilie zugeben, einmal kurz aufkochen lassen. Die Zitronenbutter kann dann je nach Geschmack noch gewürzt und durch Zugabe von mehr Zitronensaft bzw. Butter nach persönlicher Vorliebe saurer gemacht oder abgemildert werden. Im Anschluss die Zitronenbutter über die angerichteten Hühnerbrüste geben.

In einer Großstadt war ich zuletzt in St. Petersburg, vor fast zwei Monaten. Viel ist seitdem passiert. Ob ich überhaupt noch als Stadtmensch tauge?
Hauptstadt von Skandinavien nennen die Stockholmer ihre Stadt und haben damit gar nicht so unrecht. Mit dem Schiff fährt man direkt auf die imposante Innenstadt zu und biegt erst weniger Hundert Meter vorher rechts in den Wasahafen ab. Damit liegt man quasi mitten in Stockholms größtem Stadtpark. Die Temperaturen steigen mittlerweile auf über

35 °C und so kann ich mich erst abends zu einem ersten Stadtrundgang aufraffen. Die Stadt hat wahrlich Weltstadtflair, und Menschen aus aller Herren Länder versammeln sich in den zahlreichen Bars der Innenstadt. Jedoch erschließt sich mir die Stadt weder an diesem Abend noch am nächsten Tag gleich. Es gibt irgendwie kein wirkliches Zentrum, alles ist sehr ausgedehnt. Das Stadtbild selbst ist jedoch extrem schön. Fast die gesamte Innenstadt besteht aus prächtigen Altbauten, alles fühlt sich sehr edel an. Ich schlendere durch die Straßen, lerne abends ein paar Schweden kennen, die mich gleich nach meiner Tour ausfragen, und gewöhne mich wieder an die Zivilisation. Stockholm hält eine nicht endend wollende Fülle an Shoppingmöglichkeiten, Kultur, Gastronomie, Nachtleben und schönen urbanen Plätzen bereit. Ich verbringe einige sehr nette Tage, und doch kommt nicht so recht Begeisterung auf. Als ich in einem Café am Hafen sitze und überlege, was ich als Nächstes mache oder ob ich noch hier bleibe, wird mir klar, woran das liegt.

Mir ist mittlerweile klar geworden, wie wichtig mir das Segeln wirklich ist. Luxus ist nett, aber im Moment verzichte ich mit Handkuss darauf.

Ein halbes Jahr auf See. Bis Land im Weg steht.

Ich bin ein Stadtkind. Gute Bars, Discos und Restaurants, eben all die Vorteile des Stadtlebens habe ich immer geschätzt. Und doch zieht es mich in den letzten Tagen immer wieder auf die NONSUCH. Lieber wäre ich grad in einem abgelegenen finnischen Dorf, einer Seefahrerkleinstadt wie Mariehamn oder in irgendeiner verlassenen Ankerbucht. Mir ist mittlerweile klar geworden, wie wichtig mir das Segeln wirklich ist. Luxus ist nett, aber im Moment verzichte ich mit Handkuss darauf. Und offenbar habe ich hier in Stockholm mal wieder das komplette Überangebot gebraucht, um mir dessen bewusst zu werden. Ich nehme mir vor, in Zukunft nicht mehr zu arbeiten, um mir materielle Dinge leisten zu können, sondern um solche Momente erleben zu können, wie sie mir die letzten Monate und die NONSUCH geschenkt haben. Offenbar hat es sich gelohnt, diese Tour genau jetzt zu machen und nicht irgendwann in ferner Zukunft, denn die Erlebnisse und Erkenntnisse geben mir einen klareren Fokus für mein Arbeitsleben. Und damit steht jetzt auch fest, was ich nun machen werde: Schnell die Stadt hinter mir lassen und zurück aufs Wasser. Denn nur da fühle ich mich im Moment so richtig wohl. Ein weiterer *Das-Rätsel-der-Sandbank*-Moment, denn schon Davies wurde von seinem Freund wie folgt beschrieben:

»Er empfand das Festland als unbefriedigendes Element, lediglich als brauchbare Erweiterung des Meers, um sich mit den nötigsten Vorräten einzudecken.«

Capital of Scandinavia.

Ein Abend auf See. Was mach ich als Nächstes? Planlos in den Tag hineinleben …

Vorher muss ich mich aber noch durch den gigantischen Stockholmer Schärengarten herauskämpfen. Ein Schwede hat mir einen Geheimtipp für eine Bucht gegeben, aber offenbar sind die Schweden im Weitererzählen von »Geheimtipps« noch besser als die meisten deutschen Segler in der dänischen Südsee. Denn mindestens 20 Schiffe liegen hier schon vor Heckanker oder frei in der Bucht. Da kann man auch gleich in den Hafen gehen.

In den nächsten Tagen wird es allerdings zusehends ruhiger. Ich lasse den Stress der Stadt hinter mir und liege eigentlich nur noch vor Anker. Je weiter ich nach Süden komme, desto besser gelingt es mir, ruhige Flecken zu finden. Außerdem enden heute die schwedischen Ferien. Vom einen auf den anderen Tag ist fast kein Mensch mehr unterwegs. Hier gibt es keine gestaffelten Schulferien wie bei uns, alle kommen und gehen an fast genau demselben Tag. Selbst die meisten Pensionäre und Rentner halten sich an dieses Schema.

Auch deshalb entscheide ich mich dafür, nicht den Weg um Schweden herum in Richtung Heimat zu nehmen, sondern durch den Götakanal zu fahren. Die vorherrschenden Südwestwinde könnten den Weg außen herum recht beschwerlich machen. Außerdem will ich ja noch nicht nach Hause, sondern noch ein bisschen was erleben.

Auf dem Weg dorthin habe ich mich noch ein letztes Mal mit der EISBEERE verabredet, die es lieber außen herum probieren will. Wir treffen uns auf einer Insel direkt vor dem Hafen von Oxelösund und verbringen einen tollen Abend zusammen. Der Wind hat sich mittlerweile komplett zur Ruhe gelegt und Luke hat Labskaus gezaubert. Beim Blick auf die in der Dämmerung komplett still liegende See bin ich mir sicher, an meinem Platz zu sein. Hier gehöre ich her. 100 Prozent Glück. Und jetzt freue ich mich auf das nächste Highlight, den Götakanal.

Ein Video »Haparanda und zwei Sommermärchen« zu diesem und dem vorhergehenden Kapitel finden Sie unter www.delius-klasing.de/segelsommer.

Schwedenidylle: Marviksgrynnar an der Höga Kusten.

Unterwegs als Kanalratte (Götakanal und Vänernsee)

8. bis 29. August, 2921 Seemeilen

Aus dem Logbuch:

9. August 2014, Norsholm | 72. Seetag, 2609 Seemeilen
Erst mal ausschlafen. Dann Stadtbummel und Kaffee mit Paul. Mittags geht es los. Der Kanal scheint einen tatsächlich geistig auszubremsen.
Danach geht es durch die ersten kleinen Schleusentreppen. Alles läuft wieder total entspannt ab. Die Landschaft und die am Kanal stehenden Kühe ziehen langsam vorbei. Dazwischen immer mal wieder eine Schleuse oder Brücke. Idylle pur. Neben einer Schleuse steht dann ein Apfelbaum. Laut Wärterin gehört der wohl der Kanalgesellschaft. Also gibt es selbst gepflückte Kanaläpfel zum Mittag. An der nächsten Schleuse, die vom selben Mädel bedient wird, bekomme ich sogar noch eine ganze Tüte. Super!
Am späten Nachmittag mache ich in Norsholm fest. Dort gibt es eine 1A-Fleischerei, wo ich mich erstmal eindecke. Ein total entspannter Abend längsseits am Kanal folgt. Einfach herrlich hier.

Die JUNO*, das im Jahre 1874 erbaute und weltweit älteste Passagierschiff, macht Halt in Söderköping.*

Südlich von Stockholm liegt der Eingang zum Götakanal versteckt am Ende eines Fjords. Der Wasserweg, der zusammen mit dem Vänern und dem Trollhättan-Kanal einmal komplett durch Schweden führt, beginnt ganz unscheinbar in Form einer Hintertür am Fjordende. Wider Erwarten bin ich hier komplett allein. Es ist Anfang August, die schwedischen Ferien sind zu Ende und so halten sich hier auf dem Kanal Schweden und Gäste in etwa die Waage. Am Ende des Kanals werde ich in etwa Dreiviertel der Schleusen allein gewesen sein. Auf der anderen Seite habe ich aber auch nur noch zwölf Tage Zeit, bis im Kanal der Nebensaisonbetrieb beginnt und man nur noch in umständlichen Konvois fahren darf. Im Nachhinein ist es trotzdem genau die richtige Zeit für die Passage.

Der Kanal fesselt mich von Anfang an. Es ist ruhig, geht gemächlich zu, und das Wasser plätschert wie ein Bach über die Schleusentore hinweg. Noch keine Szenerie auf der ganzen Reise war so entspannend. Und dann gibt es da noch einen weiteren Vorteil. Während ich Leinen, Fender und alles andere für den Schleusenmarathon vorbereite, schallt mir ein fröhliches »Hej!« vom Kai entgegen. Es ist die erste von 58 studentischen Schleusenwärterinnen! Sie will mir nicht glauben, dass ich allein bin, aber so haben wir wenigstens gleich ein Gesprächsthema. Eine Schleuse dauert vielleicht fünf Minuten, genug um eine Unterhaltung zu führen. Als ich am Ende das Schleusen perfekt allein hinbekomme, werde ich sogar noch gelobt. Das geht runter wie Öl, zumal aus dem Mund einer hübschen, jungen schwedischen Studentin.

Die ersten Seemeilen sind herrlich. Der Kanal ist nicht mit dem Nord-Ostsee-Kanal oder Ähnlichem zu vergleichen, sondern ist eher ein schmales Flüsschen, das sich durch Wälder und Wiesen windet, und zwar wirklich mitten durch. Alles wirkt unheimlich natürlich. Und doch wirkt der Götakanal beinahe wie ein maritimer Freizeitpark. Nach einer halben Stunde bekomme ich einen Riesenschrecken. Keine fünf Meter vom Boot entfernt steht eine Kuh am Ufer und trinkt aus dem Kanal. Eine Kuh! Seit Monaten fahre ich über die See, habe zwischendurch auch mal zwei Tage gar kein Land gesehen und nun fahre ich mit demselben Schiff mitten durch eine Kuhherde.

Das Schleusen ganz allein funktioniert einfacher als gedacht: eine Leine am Bug nach hinten geführt ...

... und während des Aufschleusens über die Winsch dichtgeholt, ist alles, was ich während des Vorgangs bedienen muss.

Muh! Statt Möwengekreisch … Diese Gesellen sind Beweis dafür, dass ich Binnen unterwegs bin.

Nach zwei weiteren Schleusen beende ich den ersten Kanaltag in Söderköping und lerne Paul kennen. Paul ist Engländer und bringt mich mit seiner Lebensgeschichte mal wieder zum Nachdenken. Er ist 58 und hat vor vier Jahren zu arbeiten aufgehört. Guten Job gehabt oder Staatsdienst mag man sich da schnell denken, doch weit gefehlt. Paul segelt von Kindesbeinen an und wusste immer, dass er später viel Zeit zum Segeln haben möchte. Also hat er schon zu Beginn seines Arbeitsleben festgelegt, dass er spätestens mit 53 aufhören will, egal, wie viel er bis dahin gespart hat. Dann wird er sich seine Ersparnisse einteilen, sein Haus verkaufen, genau das Schiff kaufen, das er sich guten Gewissens leisten kann, und segeln gehen. Und genau das hat er verwirklicht und segelt nun mit seiner Frau Marylin (Notiz an mich selbst: So eine Frau finden!) seit vier Jahren über die Weltmeere. Das ist ein Lebensentwurf, der mich zu Nachdenken bringt, stellt er doch die persönlichen Wünsche das ganze Leben hindurch in den Vordergrund.
So oft wie hier im Kanal habe ich noch nie auf dieser Reise ausgeschlafen. Nie lege ich in den nächsten Tagen vor zehn Uhr ab – der Kanal scheint tatsächlich zu entschleunigen. Auch das Schleusen gelingt mir immer besser. Im Grunde genommen ist es selbst allein auch ganz einfach: Man reicht der Schleusenwärterin die Leinen hoch und setzt die Heckleine senkrecht am Heck fest. Während des Schleusens wird dann nur mit der Vorleine gearbeitet. Diese wird von der Winsch in der Plicht durch einen Block am Bug und dann nach oben auf die Schleusenmauer geleitet. Sobald der Wasserspiegel steigt, holt man die Vorleine dann einfach mit der Winsch dicht und

Die imposante Schleusentreppe von Berg. »Ding Ding Ding: 7. Stockwerk – Outdoor- und Grillbedarf«.

das Boot gleitet langsam an der Mauer entlang nach oben. Entgegen der Bitte der Kanalgesellschaft, in jeder Schleuse den Motor abzuschalten (der arme Anlasser!), ist es aber besser, langsam vorwärts einzukuppeln und das Ruder von der Mauer weg festzusetzen. Dann hat man meistens sogar noch eine Hand frei und das Schiff bewegt sich trotzdem keinen Millimeter. Mit jeder Schleuse kommt mehr Routine auf, aber langweilig wird es trotzdem nie. Selbst der Small Talk mit den immer hübscher werdenden Schleusenmädels gelingt mir als Einsiedler vom Dienst immer besser. Ansonsten fahre ich hier wirklich runter. Erst jetzt merke ich so richtig, wie anstrengend die letzten Monate waren. So kommt es, dass ich meistens nur wenige Seemeilen am Tag zurücklege. Stressig wird es nur selten, und zwar an den Schleusentreppen. Der Kanal ist nämlich nur zu Hälfte ein Kanal. Die andere Hälfte besteht aus vielen kleinen Binnenseen, an deren Enden der Kanal auf das neue Uferniveau angehoben wird. Im Extremfall sind das sieben Schleusen am Stück und gleich danach folgen noch mal vier. Das ist nicht nur für Segler ein Erlebnis, sodass der Schleusenpark auch an diesem sonnigen Tag von vielen Touristen bevölkert ist, die mir alle zuschauen. Also raus aus dem Kanalentspannungsmodus, Bauch eingezogen und einen Blick Marke »Verwegener Seeheld« aufgesetzt. Ein Stockwerk nach dem anderen geht es nach oben, bis sich irgendwann das letzte Tor öffnet und ich froh bin, dass wieder alles heil geblieben ist.

Aber immerhin haben sie den Kanal gebaut und Ikea erfunden!

Abends grille ich mit der Besatzung eines deutschen Motorboots, das wie ich in dieser perfekten Binnenkulisse angelegt hat. Aus dem Salonfester der NONSUCH kann ich direkt auf goldenen Weizen sehen und schüttle wie schon zuvor bei der Kuhweide den Kopf. Festmachen direkt neben einem Weizenfeld? Wo bin ich hier denn gelandet? Was für ein Kontrast.

Bevor es dann weitergeht, bleibt noch etwas Zeit für ein wenig Schleusenkino. Das gibt es hier reichlich, und da ich es bis hierher heil geschafft habe, erlaube ich mir etwas Lästerei. Die Schweden haben nämlich meistens riesige Wohnwagenboote von 40 Fuß aufwärts, die sie jedoch sehr oft nicht im Griff haben. Überhaupt finde ich es witzig, nach bald fünf Monaten mal eine ziemlich subjektive Bilanz zu ziehen. Denn es gibt ein paar deutliche Unterschiede zwischen den verschiedenen Nationalitäten auf dem Wasser. Die Polen sind meist perfekt ausgebildet, dürfen sie sich doch, im Gegensatz zu den Deutschen, ohne die entsprechenden Scheine nicht weit vom Land entfernen. Die Russen mit ihren meist alten Booten sind furchtlos und Meister der Improvisation. Die Boote der Balten wiederum sind komplett anders als die in der westlichen Ostsee, nämlich meist älterer Bauart, jedoch extrem seetüchtig und mit erfahrener Besatzung. Das geht dort auch gar nicht anders. Die Finnen sind entgegen allen Vorurteilen extrem aufgeschlossen und zeigen keine Besonderheiten im nautischen Sinn. Die Deutschen hingegen, die ich unterwegs beobachtet habe, fallen vor allem durch ihre lauten Kommandos auf und sind zumeist ein wenig unflexibel, wenn Plan A nicht klappt. Und die Schweden reden bei 25 °C und Sonne bereits Mitte August von

Herbstsaison. Aber immerhin haben sie den Kanal gebaut und Ikea erfunden!

In der nächsten Stadt, Motala, lerne ich abends ein paar Mädels kennen. Sie arbeiten am Kanal und haben mich, allein an der Außenbar sitzend, wiedererkannt. So haben wir sofort ein Gesprächsthema und der Abend wird lang. Neben der netten Gesellschaft werde ich dann von Annika und Linn noch spät in der Nacht in die Geheimnisse des Kanals eingeweiht. Unter anderem lerne ich, im Stockdunkeln eine Schleuse zu bedienen oder dass sie sich vor besonders anstrengenden (und jungen und alleinreisenden) Besatzungen über Funk vorwarnen. Und ich verliere beim Wettschwimmen. Wenigstens funktioniert mein Heizlüfter wieder. Annika ist übrigens ebenfalls Seglerin, sodass wir ihren freien Tag mit einem Tagesausflug auf dem Wasser verbringen. Vielleicht sind die schwedischen Segler ja doch nicht so übel, wie ich dachte! Auf jeden Fall haben wir eine tolle Zeit. Die vielen, auch unerwähnten, Begegnungen machen diese Kanalfahrt zwar sowieso schon zu etwas Besonderem. Aber als wir dann abends gemütlich am Schiff sitzen, überkommt mich eine seltsame Zufriedenheit. Ich kann gar nicht erklären, warum gerade hier und jetzt, aber ich merke, dass ich mit dieser Reise gerade genau das Richtige mache. Ich denke an all die Erlebnisse zurück, die ich bereits gehabt habe, und registriere, dass ich bereits über vier Monate unterwegs bin. Manche meiner Freunde hatten im Vorfeld daran gezweifelt, ob das Ganze wirklich eine gute Idee wäre. Und solche Gedanken haben mich manchmal mitgerissen, selbst dann, als ich tatsächlich losgefahren bin. Heute ist das aber alles anders. Ich bin froh, hier zu sein, und dankbar für all die Erlebnisse der letzten Wochen. Wohl jeder Segler kennt diesen Moment: Man sitzt abends auf dem eigenen Boot, und alle kleinen Probleme des Alltags spielen keine Rolle mehr. Der Abschied aus Motala fällt mir auch deswegen schwer.

Ich habe jedoch mittlerweile viel Zeit vertrödelt, und das Wetter wird zusehends schlechter. So verbringe ich den Rest der Kanalreise im Schnelldurchlauf. Auch hier mangelt es nicht an Begegnungen. Vor allem mit Jøran aus Norwegen habe ich viel zu besprechen. Ich glaube, sein Schiff schon vor Wochen in Nordschweden gesehen zu haben, und tatsächlich: Auch er und seine Frau sind auf einer Rund-Ostsee-Tour. Und als wir

Der Götakanal hat etwas von einem maritimen Freizeitpark.

Sommerregen auf dem Vättern.

dann noch Henrik aus Dänemark treffen, werden die Schleusen gleich viel witziger. Wie ein Stammtisch hängen wir über der Reling und erzählen uns Geschichten aus den letzten Monaten. Dabei realisiere ich mit einem Mal, dass ich schon viel mehr erlebt habe, als mir spontan präsent ist. Mir wird aber auch klar, dass das Ende des Sommers unaufhaltsam näher rückt. Die letzte Kanalschleuse passieren wir am letzten Sommeröffnungstag wieder bei Sonnenschein und 20 °C. Und hier schaffe ich es, natürlich in der allerletzten von 58 Schleusen und damit mit einer Wahrscheinlichkeit von unter zwei Prozent, mir noch einen »Ehrenkratzer« am Rumpf zu holen. Trotzdem bin ich beinahe ein wenig traurig, dass der Kanal zu Ende ist. Komisch irgendwie. Da fahre ich monatelang über die offene Ostsee, ärgere mich über jede Motorstunde und nun zählt dieser Wassergraben, den ich anfangs nur als Verkehrsweg wahrgenommen habe, zu den allerschönsten Revieren meiner Reise. Die vielen kleinen Liegeplätze, die Geschichten, die freundlichen Menschen, die zuschauenden Touristen, ja sogar das Schleusen habe ich lieb gewonnen. Vor mir liegt nun der Vänersee, wobei See eigentlich nicht das richtige Wort ist, denn Land kann ich am Horizont nicht entdecken. Ich sehe auf den drittgrößten See Europas, in dessen Mitte man sich bei mäßigem Wetter auch mitten auf einem Ozean wähnen könnte.

Ende der Hauptsaison. Auf dem Götakanal in Sjötorp kehrt Ruhe ein.

Der Klassiker – unbedingt zu empfehlen:
Mittagspause im Göta Hotel in Borensberg.
Man soll ja zeigen, wenn's einem gut geht!
Danach geht es weiter nach Motala ...

Nonsuch

Also raus auf See! Moment, auf den See. Der Vänern ist komplett leer. Über eine ganze Woche sehe ich außer Jøran und Henrik, die mich hin und wieder begleiten, nur zwei andere Schiffe auf dem Wasser, obwohl jetzt Mitte August das beste Sommerwetter herrscht. Das macht das Revier nur umso schöner. Es soll übrigens Süßwasser sein, und als mir während des leichten Sommerwinds langweilig ist, nehme ich mitten »auf See« meine Trinkflasche und teste: tatsächlich, perfekt gekühltes Trinkwasser! Irgendwann machen Henrik und ich direkt vor einem weißen Märchenschloss fest, quasi direkt im Burggraben. Dort ist es wunderschön und komplett einsam, vielleicht der bisher schönste Hafen der Reise. Und so geht es

Märchenschloss Läcko.

Warten auf Godot. Oder halt auf den Schleusenwärter. Zeit für ein Schwätzchen mit Henrik.

Verwunschene und verschlungene Wege im Vänernsee führen zu wunderschönen Plätzen.

weiter. Die Sommeröffnungszeiten des Götakanals waren mein letzter zeitlicher Fixpunkt auf dieser Reise. Ab jetzt segle ich ganz ohne einzuhaltende Termine und so segelt es sich einfach am besten.

Wir verirren uns dann in eine in den Karten nur ungenau beschriebene Kanalmündung am Westufer des Sees. In der Kanalmündung wird es immer enger. Die Abstände zum Ufer sind zwischendurch eher in Dezimetern als Metern zu messen. Alles wirkt wildromantisch. Später geht es auch wieder durch kleine Seen und breitere künstliche Abschnitte. Irgendwann machen wir dann direkt vor der ersten Schleuse des Dalsland-Kanals fest. Der Hafen ist eigentlich nur ein einzelner Steg in einem tiefen Felseinschnitt und überall von hohen Bäumen umgeben. Es ist still und fast ohne Menschen, obwohl es in der Nähe eine Straße gibt. Zum wiederholten Mal glaube ich, den vielleicht schönsten Hafen meiner Reise gefunden zu haben. Ich verliebe mich immer mehr in dieses Revier und fahre einige Tage später mit Jøran in eine weitere kleine Flussmündung. Alles wirkt für Schweden total untypisch. Keine Felsen, sondern Felder, Wiesen und Laubbäume, vielleicht ein bisschen wie im Gieselaukanal daheim. Wir machen an einem winzig kleinen Steg namens Dalbergså Halt und sind wieder mal allein. Enten ziehen übers Wasser, die Sonne brennt, hier ist die Welt noch in Ordnung. Ein drittes Mal innerhalb einer Woche bin ich der Meinung, nun den wirklich allerschönsten Hafen von allen gefunden zu haben. Hier werde ich nicht das letzte Mal gewesen sein.

Auf See – das beste Gefühl der Welt. Mindestens.

Vom Vänersee führt ein weiterer Kanal, der Trollhättan-Kanal, zur Ostsee nach Göteborg. Auf dem Weg dorthin zeigt der Vänern noch mal richtig Zähne. Trotz des tiefen Wassers und der immensen Größe entwickelt sich hier bei ordentlich Wind eine ganz ekelhafte steile Welle, die das Boot fast zum Stehen bringt und den Kurs selbst vorm Wind anständig durcheinanderbringt. Letzteres hab ich so noch nie gehabt. Im ersten Hafen des Trollhättan-Kanals habe ich dann ein Erlebnis der dritten Art. Der Hafen soll nämlich WLAN haben, was heutzutage fast noch wichtiger als die Steckdose im Hafen ist. Also gehe ich los, um mir beim Hafenmeister das Passwort zu besorgen. »Kein Problem«, sagt er, »aber das kostet extra.« Das ist nun wiederum für mich kein Problem, schließlich ist WLAN in Schweden sehr rar und ich muss mal wieder ein Video hochladen. Und meine E-Mails stapeln sich bestimmt auch schon bergeweise. Ich bezahle also fürs Passwort und gehe zurück aufs Schiff. Und, wie sollte es anders sein, das Netz funktioniert nicht. Also gehe ich zurück zur Hafenbude, wo mir der Hafenmeister, der mir gerade eben noch 50 Kronen fürs Internet abgeknöpft hat, sagt: »Ja, das Internet funktioniert schon seit mehreren Wochen nicht wirklich.« Ich bin so perplex, dass ich nicht mal daran denke, mein Geld zurückzuverlangen. So sind die Lacher im Hafen auf meiner Seite und es gibt beim Sundowner wenigstens was zu erzählen.

Der Trollhättan-Kanal wird im Gegensatz zum Götakanal noch von großen Frachtern benutzt. Es ist dort eher so wie im Nord-Ostsee-Kanal. Dementsprechend fehlt ihm die Lieblichkeit des Götakanals. Auch das Schleusen funktioniert hier ganz anders. Die Schleusen im Götakanal haben pro Kammer vielleicht zwei bis drei Meter Hub. Hier sind es hingegen acht bis zehn Meter. In Trollhättan, der Stadt, dem der Kanal seinen Namen verdankt, gibt es gleich drei Kammern hintereinander, es geht also 32 Meter hinunter. Wenn man da ganz allein drin ist, kommt man sich schon ein wenig klein vor. Ist man dann ganz unten angelangt, wirken die gigantischen Schleusentore wie das Tor zu Babylon. Die Frachter, die hier durchfahren, sind bis zu 100 Meter lang. Man kann sich also vorstellen, wie gigantisch hier alles ist.

Im Trollhättankanal – wenn's kracht, noch'n Meter!

So ging es hier aber nicht immer zu. Der Kanal existiert bereits seit über 200 Jahren, und die nicht mehr genutzten alten Schleusen sind zu einem Park umfunktioniert worden. Dort

NORDIC SIRA
NORDIC SIRA

Binnensegeln auf Schwedisch –
der Vänernsee.

Auch der Trollhättankanal hat seine schönen Ecken.

Ein Video »Unterwegs als Kanalratte und Längsseitssaison« zu diesem und dem folgenden Kapitel finden Sie unter www.delius-klasing.de/segelsommer.

schlendere ich erst mal ein wenig herum und gönne mir ein Schleuseneis – nur echt mit drei Etagen. Festgemacht habe ich ganz unten im Park, zu Füßen der alten Schleusen. Das sollte man auch unbedingt tun, denn man liegt dort quasi direkt im Grünen. Keine zwei Meter von mir entfernt steht ein Springbrunnen unter einigen Bäumen. Das Wasser plätschert von oben durch die verfallenden Tore der alten Schleusen. Hier ist es unheimlich ruhig. Hier in diesem industriellen Kanal hätte ich nun wirklich nicht damit gerechnet, aber ein weiteres Mal bin ich nun der Meinung, einen der besten Häfen gefunden zu haben.

Anlegen quasi mitten im Stadtpark.

Wieder auf Meereshöhe in Göteborg angekommen. Und nach 5 Monaten wieder bekannte Gewässer unterm Kiel.

Der Rest des Kanals, der ab hier eigentlich ein Fluss ist, wird bis Göteborg mit jedem Meter hässlicher. Es geht stromabwärts und der Fluss schiebt mich mit bis zu drei Knoten Richtung Ostsee. So geht das Elend wenigstens schneller vorbei. Abends komme ich dann in Göteborg an und bin damit nach fast einem Monat als Kanalratte wieder an der See. Mir fällt das erst so richtig auf, als ich den ersten Schrei einer Hafenmöwe höre, denn die habe ich unterbewusst die letzten Wochen hindurch etwas vermisst. Auch überkommt mich ein komisches Gefühl, denn ich war mit der NONSUCH vor zwei Jahren schon mal in Göteborg. Damit bin ich das erste Mal seit Bornholm vor fünf Monaten wieder in bekannten Gewässern.
Das Ende dieses bisher nie zu enden scheinenden Segelsommers kommt unaufhaltsam näher. Theoretisch wären es von hier nur noch drei bis vier Tagesreisen bis nach Kappeln. Das geht so nicht – ein neuer Plan muss her.

Längsseits-saison (Skagerrak und Oslo)

2. bis 20. September, 3367 Seemeilen

Aus dem Logbuch:

2. September 2014, Käringön | 89. Seetag, 2958 Seemeilen
Wider Erwarten biege ich in Göteborg rechts ab und weiter geht's. Durch bekannte Gewässer. Und endlich mal komplett ohne Termine. So lasse ich mich gleich nach Verlassen des Göteborger Fahrwassers den ganzen Tag mit nur zwei bis vier Knoten dahintreiben. Abends liegt dann Käringön direkt querab. Das kleine Inseldorf entpuppt sich als echtes Juwel. Und da die Saison schon »zu Ende« ist, ist auch fast nichts los. Man kann überall längsseits liegen. Besser kann man nicht entspannen. Ich genieße das Geschrei der Möwen und die Salzluft. Beides hat mir in letzter Zeit etwas gefehlt. Noch ist der Sommer nicht vorbei!

Noch ist zu viel Zeit, um einfach Richtung Heimat zu segeln. Außerdem liegen hier seit zwei Jahren ungenutzte Karten vom Oslofjord herum. Dort wollte ich nämlich schon immer mal hin, habe das aber bisher noch nicht geschafft. Also nehme ich in Göteborg nicht Kurs Süd Richtung Kappeln, sondern biege rechts ab Richtung Norwegen. Mittlerweile ist es September und ich sitze immer noch im T-Shirt herum. Das Thermometer zeigt über 20 °C, es weht ein leichter Ostwind und am Himmel zeigt sich keine einzige Wolke. Mit jedem Tag sind weniger Schweden unterwegs, sodass die kleinen urigen Fischerdörfer und Ankerbuchten der schwedischen Westküste, die im Hochsommer komplett überrannt sind, nun fast menschenleer daliegen. Daher genieße ich die Tage hier ganz besonders. Überhaupt gehört die schwedische Westküste zu meinen Lieblingsecken der Ostsee. Die Schären sind hier ganz anders als an der Ostküste, schroffer, karger, aber auch maritimer und uriger. Die Luft riecht salziger. Und auch wenn man einwenden könnte, dass das hier gar nicht mehr die Ostsee, sondern das Skagerrak ist, endet die Ostsee für mich im weiteren Sinne erst nördlich Skagen, da wo die Wellensysteme von Nord- und Ostsee aufeinandertreffen.

Väderöarna – die Wetterinseln. Mein Traumhafen im Skagerrak.

Langsam hangle ich mich ohne Zeitdruck Richtung Norwegen. Die Häfen sind so leer, dass die ausliegenden Heckbojen gar nicht mehr benutzt werden. Jeder legt einfach längsseits an, da eh genug Platz vorhanden ist. Es ist Längsseitssaison. Und ein Tag auf dem Weg nach Oslo wird ganz besonders:

Dieser Tag beginnt morgens mit einer Motorstunde durch die wunderschönen Sunde bei Orust. Es geht durch eng gewundene Fahrwasser, vorbei an der Museumswerft von Bassholmen. Kurz danach wartet dann das offene Wasser. Die Sonne scheint, die Segel werden gesetzt und so geht es an der Küste entlang gen Norden. Meine Wünsche werden erhört und der Wind raumt ein wenig, sodass es auf perfektestem 100-Grad-Kurs vorangeht. Keine Wolke steht am Himmel, Temperaturen knapp über 20 °C, das Schiff macht für seine Verhältnisse flotte fünfeinhalb Knoten. Alle Fahrwasser hinter mir lassend geht es außen an den Schären vorbei nach Norden. Nichts liegt im Weg. Irgendwann muss ich mir jedoch mal Gedanken um das Abendprogramm machen, bin ich doch morgens völlig planlos losgefahren. Es gibt jedoch an jedem Punkt der schwedischen Westküste so viele Ziele, dass man sich abends einfach ein nahegelegenes aussuchen kann. Jetzt in der Nachsaison muss

Jeden Tag wird es hier leerer.

Blaue Stunde in Käringön.

Der Traumtag – perfektes Segelwetter.

Nach 3000 sm – der schönste Hafen der Ostsee.

man sich auch keine Sorgen um einen Liegeplatz machen. Auch auf dem Wasser ist es recht leer. Der kleine Sommerort Fjällbacka, eines der Zentren der Westküste, liegt in der Nähe. Hier soll es laut Revierführer wirklich schön sein. Aber soll ich jetzt wirklich wieder in die Schären reinfahren? Platt vor dem Wind? Nein, da kommt keine Begeisterung auf. Also studiere ich die Karten und entdecke weit draußen im Skagerrak eine Inselgruppe, die mir bei jeder Planung bisher entgangen ist. Väderöarna – die Wetterinseln. Dunkel erinnere ich mich, dass Jøran mir von diesem Platz vorgeschwärmt hat. Laut Hafenführer ist das Ganze eine alte Lotsenstation weit draußen mit entsprechend eingeschränkter Versorgung und einem Café im Sommer. Das wird vermutlich schon geschlossen sein, aber eigentlich klingt das doch ganz spannend. Ich hatte sowieso mit dem Gedanken gespielt, eine weitere Nacht zu ankern, da macht mir die eingeschränkte Verfügbarkeit von Strom und Duschen jetzt auch nichts aus. Also Kurs auf die Väderöarna!

Die schwedische Hummersaison beginnt auf den Väderöarna.

Schon von Weitem sieht man die Felsenmasse am Horizont, die sich erst beim Näherkommen in zahllose kleine Inseln teilt. Einige aufragende Masten zeigen die grobe Position des Hafens an, dessen Ansteuerung laut Hafenhandbuch schwierig sein soll. Das steht dort meiner Meinung nach aber meistens schon, wenn eine einzelne Milchkanne im Weg liegt. Heute ist

Zwergwale im Skagerrak.

aber wirklich mehr als ein einmaliges Überprüfen der Position notwendig. Der leichte Strom, einige Felsen direkt vor der Einfahrt und mehrere gut versteckte Leitmarken machen das Ganze tatsächlich etwas knifflig. Ein netter Schwede am Kai weist mich wie ein Lotse am Flughafen ein und so gelingt alles reibungslos. Später erfahre ich von ihm, dass in der Saison sicher fünf Schiffe pro Tag hier auflaufen, da sie die Leitlinien übersehen. Gut also, dass alles geklappt hat.

Ich bin überrascht, denn ich bekomme den letzten Platz am Kai. Der Hafen wirkt voll. Allerdings heißt das in diesem Fall, dass gerade mal sieben Schiffe längsseits hintereinander liegen. Die Väderöarna sind auch kein Geheimtipp mehr. Das Hafenbecken ist winzig. Selbst Birkholm in der dänischen Südsee erscheint dagegen geräumig. Das liegt aber auch daran, dass es gar kein richtiges Hafenbecken ist, sondern lediglich ein natürlicher Einschnitt der Felseninsel. So können die Boote hier auch nur hintereinander am gewundenen Kai liegen. Wenden ist im Hafen nur an einer Stelle möglich. Das Platzangebot erinnert mich sehr an das verlassene Fischerdorf Marviksgrunnar an der Höga Kusten. Das macht den Hafen aber auch so urig. Die schwedische Regel, dass man tagsüber kostenlos im Hafen liegen kann, gilt hier nicht: Nur Nachtgäste sind erlaubt! Der Schwede erzählt mir, dass hier im Sommer bis zu 30 Schiffe reingequetscht werden, die dann morgens um zehn

Spätsommer in Son, im Oslofjord.

Uhr per Befehl kollektiv auslaufen müssen. Wer bleiben will, muss ebenfalls raus und darf dann als Erster wieder rein. Es wird von hinten nach vorne in Päckchen gestapelt. Helgolandfeeling extrem. Jetzt in der Nachsaison ist jedoch kein Hafenmeister mehr da. Da geht alles entspannter zu.

Ich bin angekommen. Persenning drauf, Festmacherbier auf, Strom an. Moment mal, Strom an? Ja! Offenbar gibt es doch Strom. Klasse! Dann schreibe ich jetzt mal das Logbuch fertig. 3004 Seemeilen. Ich habe heute also auch noch den dritten Tausender vollgemacht! Das muss natürlich gefeiert werden. Erst mal möchte ich aber die Insel erkunden. Wider Erwarten gibt es im Hafen ein gerade neu gebautes Servicehaus mit allen Annehmlichkeiten und sogar einem Aufenthaltsraum mit Meerblick. Besser kann der Tag doch nun wirklich nicht mehr werden, oder?

Mein erster Gang führt zum Lotsenausguck, der restauriert wurde und nun bestiegen werden kann. Der Himmel ist immer noch wolkenlos, und so genieße ich einen herrlichen Blick über die Inselgruppe, die Schifffahrt im Skagerrak und den Horizont, der hier noch weiter als in Kobba Klintar auf den Ålands entfernt scheint.

Auf den Rückweg zum Hafen komme ich dann an dem »Café« vorbei, das mittlerweile ebenfalls um- bzw. ausgebaut worden zu sein scheint. Das Väderöarna Värdshus ist ganzjährig geöffnet und bietet neben einem Restaurant sogar Übernachtungsmöglichkeiten. Das Ganze wirkt jedoch überhaupt nicht unpassend oder künstlich in dieser traumhaften Umgebung, sondern ist in den alten Lotsenwohnhäusern untergebracht. Heute Abend gibt es dort ein schwedisches Meeresfrüchtebuffet – perfekt, um die 3000 Seemeilen zu feiern. Ich bin hier also tatsächlich durch Zufall auf einer abgelegenen Schäreninsel inklusive traumhafter Natur und einem urigen und dennoch

Angekommen in Norwegen. Das letzte neue Land auf dieser Reise.

Thornegården
klær & interiør
EL TORO
AGENT
LAGER
AF
Son Kro
Son Kro
Son Kro
P

perfekt ausgestatteten Hafen gelandet. Und ein erstklassiges Restaurant wartet auch noch auf mich.

Auf Wiedersehen, du Trauminsel!

»Könnte es noch besser gehen?«, schießt es mir beim Essen durch den Kopf. Und da fragt mich die junge, blonde Kellnerin, ob ich nach dem Essen noch die Sauna benutzen möchte. Sauna? Hier? Klar möchte ich das, denn das habe ich seit den Ålands nicht mehr genießen dürfen! Aber ausgerechnet hier? Erfreut über diese Aussicht esse ich zu Ende. Und dann stellt sich heraus, dass die Sauna nicht irgendein Holzkasten ist, sondern eine holzbefeuerte Steinsauna mit bodenhohen Fenstern zum Meer, dem Horizont und den vorgelagerten Inseln. Und da das alles noch nicht genug ist, stehen auf der Terrasse auch noch holzbefeuerte Whirlpools, ebenfalls mit Meerblick. Ich nutze beides bis weit nach Sonnenuntergang, komme zur Ruhe und zum Nachdenken: Wo bin ich hier nur gelandet? Als ich die paar Meter zurück zum Boot gehe, hat der Horizont in der blauen Stunde nach Sonnenuntergang eine absolut einmalige Farbgebung bekommen. Mehr geht nun wirklich nicht mehr.

Ein Hafentag hier ist daher Ehrensache. Erst beim Frühstück fällt mir auf, wie unglaublich klar das Wasser ist. So etwas habe ich die ganzen letzten fünf Monate nicht gesehen. Selbst die Insel Anholt, in der Ostsee berühmt für ihr klares Wasser, oder der Vänernsee sind nichts dagegen. Das Wasser ist so klar wie in einem gepflegten Swimmingpool und schimmert je nach Untergrund mal türkis, mal tiefblau wie im Ozean. Absolut herrlich. Und irgendwas schwirrt dauernd über das Wasser. Bei näherem Hinsehen entpuppt sich dieses Etwas

Mein Spätsommersoundtrack auf See

1. Enjoy The Silence	Depeche Mode
2. Midnight City	M83
3. Talk	Coldplay
4. Snow (Hey oh)	Red Hot Chili Peppers
5. Spectrum (Say My Name)	Florence + The Machine
6. Traum	Cro
7. Blame	Calvin Harris feat. John Newman
8. The Wild Boys	Duran Duran
9. Count to Ten	Parachute Youth
10. Different Feelings	StrangeZero

jedoch nicht als Mückenschwarm, sondern als Hunderte kleine Fische, die durch den Hafen hüpfen. Die Väderöarna erscheinen mir immer traumhafter. Es gibt unheimlich viel zu entdecken, doch verbringe ich zunächst zwei Stunden bei bestem Sommerwetter damit, auf dem höchsten Gipfel der Insel auf den warmen Felsen zu sitzen und herumzuschauen, denn der Blick auf die umliegenden Inseln und das Skagerrak fesselt mich. Und wieder kann ich von den Inseln nur in Superlativen schwärmen. Abends an Bord, nach mehreren Stunden Expedition, wofür ich normalerweise viel zu faul bin, lasse ich alles sacken und überschlage kurz nüchtern: Ich bin auf einer abgelegenen Schäreninsel, in traumhafter Natur. Der Hafen hat alle notwendigen Serviceeinrichtungen, die dazu noch brandneu sind. Das Wasser ist so klar wie in der Karibik. Es gibt ein Wirtshaus mit allem denkbaren Komfort und traumhafter Sauna, das sich perfekt in die Schärenromantik und Abgeschiedenheit einfügt. Alles in allem haben die Inseln diese gewisse Prise Romantik, die besondere Törnziele ausmacht. Einen schöneren Hafen kann ich mir nicht vorstellen. Es gibt bestimmt viele andere schöne, schneller zu erreichende oder welche mit mehr Remmidemmi und Stadtleben drum herum. Häfen, die wie beispielsweise Töre aufgrund ihrer Lage etwas Besonderes sind. Aber einen schöneren Hafen, der mehr von allem hat, was sich ein Segler im Urlaub wünscht, den gibt es in meinen Augen nicht. Es scheint sich wohl zu lohnen, mal ein wenig abseits der ganz bekannten Hotspots zu suchen. Ich bin zufrieden. Ich habe den ganz sicher schönsten Hafen der gesamten Ostsee gefunden. Und dieses Mal ist er es wirklich!

Das Wetter bleibt auf dem weiteren Weg nach Oslo sommerlich, sodass ich in diesem September in Badehose statt Ölzeug segeln kann. Und auch der Gennaker kommt das erste Mal seit der Höga Kusten wieder raus. »Segeln in der Ostsee. Im September. Allein die bloße Idee lässt einen schon frösteln«, meinte Carruthers zur Segeleinladung seines Freundes. Au contraire, mein Lieber. Heute hast du mal unrecht.

Hier oben nahe der norwegischen Grenze wird es dann auch wieder voll, denn im Gegensatz zu den Schweden nutzen die Norweger den langen Sommer richtig aus. Jede Badewanne und alles, was irgendwie schwimmen kann, ist auf dem Wasser. Die Häfen sind bis zur letzten Klampe belegt. Auch das ist irgendwie Längsseitssaison – nur halt nebeneinander im Päckchen.

Kurz darauf steht auf dieser Reise das zehnte und letzte Mal eine neue Gastlandflagge unter der Saling. Ich bin in Norwegen. Da ist für mich ein großer Moment, nachdem ich es vorher auf anderen Urlaubstörns schon zweimal vergeblich versucht hatte. Überhaupt bin ich froh, es bis hier geschafft zu haben. Das führt zu absoluter Hochstimmung und mal wieder einer brüllenden Stereoanlage.

Die Landschaft im Oslofjord ist ganz anders als an der schwedischen Westküste. Hier zeigen sich schroffe Steilküsten wie in Schottland oder Irland und hohe Berge statt flache Schärenfelsen. Trotzdem ist das Segeln gerade viel zu schön, um anzuhalten, und so segle ich bis in den späten Abend und mache

Sauna mit Meerblick. Mehr geht nun wirklich nicht.

erst kurz nach Sonnenuntergang in Son fest. Das wird mein einziger Stopp auf dem Weg nach Oslo.
Danach geht es an Drøbak und der auf einer Insel im Fjord liegenden Festung Oscarsborg vorbei. Das ist ein wichtiger Ort für die Geschichtsinteressierten, wurde hier doch 1940 während der Besetzung Norwegens in einer David-gegen-Goliath-Aktion der deutsche Kreuzer BLÜCHER versenkt. Ich finde es immer wieder eindrucksvoll, solche Ereignisse vor Ort – zumindest ansatzweise – nachvollziehen zu können. Wenige Minuten später läuft mir dann auch tatsächlich ein Schauer über den Rücken. Jøran hatte mir schon davon erzählt, und es stimmt wirklich. Es ist fast windstill und für einen kurzen Moment frage ich mich, ob mein kleiner Einzylindermotor ein Leck hat. Nur wenige Hundert Meter nach der Festung stinkt es deutlich wahrnehmbar nach Diesel. Das kommt von einem leckgelaufenen Tank des gesunkenen Schiffs, der bis heute Diesel an die Oberfläche abgibt und wegen Rostschäden ohne Umweltgefährdung nicht abgepumpt werden kann. Selten wird einem ein Seegrab so eindrucksvoll vor Augen geführt. Ein Moment des Nachdenkens ...

Selten wird einem ein Seegrab so eindrucksvoll vor Augen geführt. Ein Moment des Nachdenkens.

Irgendwann ist der Fjord dann zu Ende, und ich kann die gemütlich wirkende Stadt mit der markanten Skisprungschanze sehen, die über allem thront. Hier bekomme ich noch mal Besuch und verbringe ein tolles Wochenende. Oslo entpuppt sich als meine persönliche Hauptstadt Skandinaviens. Die Stadt ist ähnlich schön wie Stockholm, hat jedoch noch mehr zu bieten und ist nicht ganz so überlaufen. Überhaupt sind mir die Norweger total sympathisch. Schon beim Kulturangebot merkt man, dass es hier scheinbar nur zwei große Themen gibt – Skisport und Seefahrt. Das passt perfekt und findet sich auch in den Museen wieder: Thor Heyerdahl, die berühmten Polarforscher Norwegens und die Fischer. Zwar stellt Norwegen nur ein Promille der Weltbevölkerung, bestreitet aber sieben Prozent der weltweiten Schifffahrt. Noch nie habe ich so gigantische Yachthäfen wie hier gesehen. Jeder Osloer scheint mindestens ein Boot zu besitzen.
Die meiste Zeit verbringe ich im Viertel Aker Brygge am Gasthafen, quasi der Hafencity Oslos. Hier treibt sich auch die

Oslo – der letzte Wendepunkt ist erreicht. Und in jeder Ecke der Stadt ist ihre maritime Verbundenheit präsent, wie hier: der größte Yachthafen, den ich je gesehen habe.

Kann es eine bessere Aussicht geben?

Jugend in der Spätsommerhitze herum. Am gegenüberliegenden Ufer liegt die historische Festung Akershus, in der heutzutage unter anderem ein Restaurant zu finden ist. Dieses stellt sich als echte Entdeckung heraus, ist es doch keine miese Museumsspelunke für Touristen, sondern bietet bestes Essen auf der Festungsmauer mit Blick über die Osloer Hafengegend und Innenstadt. Sogar Wal könnte man hier probieren! Scheinbar sind die Norweger auch beim Essen ganz anders drauf als die Schweden. Und auch die Holmenkollen-Schanze liegt von hier aus im Blickfeld. Ein guter Wein und ein traumhafter Sonnenuntergang runden einen perfekten Tag ab.

Spätsommer in Oslo.

Ich kann mich nur schwer von Oslo trennen. Die Stadt ist toll und das Wetter Mitte September noch immer sommerlich. Laut WetterWelt soll das auch noch eine Woche so bleiben. Vor allem aber ist Oslo der letzte Wendepunkt meiner Reise. Ab jetzt hilft kein Umdrehen und Ablenken mehr. Es geht nach Hause. Es sind nur noch 350 Seemeilen bis nach Kappeln.

Am Ausgang des Oslofjords muss ich dann noch mal tanken. Wegen des starken Windes mache ich an der Außenseite des Tankschlengels fest. Sofort kommt ein Tankwart, um mir zu helfen. Wir plaudern noch über den Sommer, als der Chef der Tankstelle aus seinem Büro gestürmt kommt und mich anranzt, warum ich denn bitte schön hier anlege, die Boxen wären auf der anderen Seite des Kais. Ich erkläre ihm ruhig und freundlich, dass ich allein bin, mir das Anlegen dort bei dem starken Seitenwind doch etwas heikel erschien und ich daher lieber die risikoärmere Variante gewählt hätte. Daraufhin fährt er mich an, dass ich dann wohl noch zu jung sei, um ein Schiff allein zu führen. Bevor ich antworten oder einfach ohne zu tanken abfahren kann, unterbricht ihn sein Mitarbeiter und macht ihm auf Norwegisch klar, dass ich gerade bereits seit sechs Monaten und 3000 Seemeilen allein unterwegs bin. Sein Blick ver-

Ein Klassiker: die FRAM, das originale Schiff von Roald Amunden und Fridtjof Nansen.

ändert sich und er zieht sich unter diversen Entschuldigungen in sein Büro zurück. Ich gebe es zu, ich mag solche Momente, ist man als jüngerer Segler doch oft ungefragt irgendwelchen Belehrungen und Anweisungen von älteren ausgesetzt. Stehen die besten Segler nicht sowieso immer am Steg? Wenn man dann jedoch ganz cool entgegnen kann: »Und, was hast du diesen Sommer so gemacht?«, oder es am besten noch andere für einen übernehmen, macht mir das immer diebisch Spaß.

Die Flaschenpost, abgeschickt im September in Norwegen, gefunden im Dezember '14 an der dänischen Westküste.

Jøran hat die letzten Tage, bevor es für ihn nach Oslo geht, in Westschweden verbracht und wir wollen uns noch ein letztes Mal treffen. Dafür haben wir uns Smögen ausgesucht. Daher mache ich mich dann von hier aus, mit einem Zwischenstopp auf den Kosterinseln, auf den Weg dorthin. Mittlerweile scheine ich übrigens schon ein wenig zu lange in Skandinavien zu sein. Ich spreche zwar kein Schwedisch, habe in fast drei Monaten jedoch einiges aufgeschnappt. Und wenn man dann beim Schreiben auf dem Handy instinktiv das Y statt Ü verwendet, das im Schwedischen das Ü ersetzt, dann sollte man vielleicht langsam nach Hause zurückkehren ... oder sich eine Schwedin suchen und bleiben.

Auf dem Weg nach Smögen setze ich noch zwei Flaschen mit Post aus. Die haben für mich auch in Zeiten von Handy, WhatsApp und Facebook witzigerweise noch immer nicht ihren Reiz verloren. Ich habe mal darüber nachgedacht, woran das liegt. Ich glaube, es liegt vor allem an der Ungewissheit beim Aufgeben und gar nicht mal so sehr darum, eine Antwort zu bekommen. Wer wird sie wohl finden? Wird sie überhaupt gefunden? Wie lange ist sie wohl auf Reisen? Eine Flaschenpost wirft nur Fragen auf und regt zum Nachdenken an. Vielleicht wird meine Nachricht schon morgen von einem vorbeirasenden Frachter zerstört. Vielleicht kommt sie niemals irgendwo an, vielleicht auch erst in vielen Jahren. Wer weiß das schon. Eine der beiden, die ich gerade ins Meer geworfen habe, wird übrigens kurz nach meiner Heimkehr in der Jammerbugt in Dänemark am Strand gefunden werden. Fast 200 Kilometer von hier entfernt. Die andere aber bleibt unentdeckt. Ich kann daher noch in den nächsten Monaten und Jahren, wenn meine Reise schon lange zu Ende ist, darüber nachdenken, wo sich die kleine Flasche vielleicht gerade befindet. Am Meeresboden? An einem englischen oder schwedischen Strand auf Entdeckung wartend? Oder doch von irgendeiner Strömung aufgenommen und auf einer ganz langen Reise über die Weltmeere? Wer weiß. Sie könnte aber auch eine willkommene Erinnerung an einen vergangenen Moment des Glücks werden. Denn vielleicht bekomme ich irgendwann eine Antwort. Und kann mich zurückerinnern an die schönen Tage im Skagerrak, auf dieser noch schöneren Reise, auf der ich die Grüße abgeschickt habe. Und irgendjemand sich vielleicht über die unverhoffte Botschaft freut. Auf jeden Fall gibt es nur Gewinner. Das ist doch ein herrlicher Anachronismus, der die Weite der Meere und der Seefahrt unterstreicht.

Smögen ist ein absoluter Hotspot. Im Sommer tobt hier 24 Stunden am Tag die Party und man bekommt nur mit Quetschen einen Platz. Überall ist es mittlerweile schon leer, und dennoch fühlt es sich ziemlich komisch an, hier nur mit drei anderen Booten zusammen längsseits zu liegen, was im Hochsommer absolut verboten ist. Einen Hafenmeister gibt es jetzt auch nicht mehr, wie mir ein Schild an seiner Hütte verrät. Das Ganze ist schon recht seltsam. Immer noch ist das Wetter schön, doch der Sommer verabschiedet sich nun wirklich, weshalb ich mich am nächsten Tag früh auf den Weg nach Dänemark mache.

Auch im Oslofjord wird es täglich leerer.

330

Saisonuntergangsstimmung in Smögen. Im Sommer normalerweise ein überlaufener Hotspot mit 24 Stunden Party …

ZIMMER FR

Das Schiff hält sich wacker.

Dänemark, zwar immer noch nicht das eigene Land, aber dennoch eines, das ich schon oft als Wochenendziel angelaufen habe. Die Einschläge kommen fühlbar näher. Nur ganz langsam zeigt sich die flache Küste von Skagen, eine Ansicht, die ich so gar nicht mehr gewöhnt bin. Seit Monaten, genauer gesagt seit dem Anlanden in Finnland, habe ich nur schroffe Felsen mit Wäldern im Hintergrund zu Gesicht bekommen. Nun aber sehe ich wieder einen feinen Strandstreifen mit Dünen im Hintergrund. Die Küste von Skagen wirkt für mich fast wie die heimatliche Nordsee und fast fühlt es sich auch wie in heimatlichen Gewässern an. Die NONSUCH ist wieder da, wo sie zu Hause ist. Ich verbringe einen Hafentag und genieße Skagen, probiere noch einen anderen kleinen Hafen mitten in den Dünen in der Nähe aus und mache mich dann auf einen Nonstopschlag nach Anholt. Das ist eine meiner Lieblingsinseln, die ich auf dem Heimweg unbedingt noch mitnehmen möchte.

In Skagen. Danke, aber ich bleibe lieber auf meiner NONSUCH.

Die Fahrt nach Anholt beginnt entspannt, denn der Sommer hält sich immer noch. Es geht den ganzen Tag an der dänischen Küste entlang vorbei an Læsø und Frederikshavn. Es geht mir gut und ich vertiefe mich in mein Buch. Doch irgendwann, nach einigen Minuten lesen blicke ich auf und sehe nichts. Das ganze

Dänemark in Sicht – Skagen Rev O.

Fischerei-romantik.

Der Nebel, mein treuer Begleiter, legt sich wie ein Vorhang über den Sommer.

Boot ist mal wieder in dicken Nebel gehüllt. Doch nun reagiere ich darauf ganz anders als im Frühjahr, nämlich total entspannt. Ich stecke jetzt halt mittendrin und kann das nicht ändern. Jetzt gilt es, einfach weiterzufahren und gute Miene zum bösen Spiel zu machen. Nur in der Nacht wird der Nebel unschön, da die feuchte Luft das Licht der Positionslaternen reflektiert und einen blendet, egal wohin man schaut.

Ich habe aber Glück und kurz vor Anholt lichtet sich der Nebel mitten in der Nacht. Es ist jedoch kalt geworden. Das erste Mal seit Kaliningrad friere ich wieder auf einer Nachtfahrt. Dafür ist keine einzige Wolke am Himmel zu sehen. Hier draußen, fernab vom Land und dem Lichtschein der Ortschaften, werden die Augen nicht abgelenkt und der Himmel ist voll von Sternen. Abertausende von ihnen kann ich mit dem Fernglas sehen. Sogar die Milchstraße ist mit bloßem Auge klar zu erkennen. Glücklich mache ich irgendwann auf Anholt fest. Doch als ich morgens aufwache, ist es noch kälter geworden. Mittlerweile ist ein Sturm mit bis zu 53 Knoten, elf Beaufort, aufgezogen. Der Nebel der Fahrt hat sich wie ein Theatervorhang über den Sommer gelegt, und am 20. September ist der scheinbar nie enden wollende Sommer nun endgültig vorbei.

Dünen. Mal wieder eine völlig neue Küstenform am Horizont.

Liaison
ASC Kappeln
Cuxhaven

Dänemark und die Ankunft

21. September bis 5. Oktober, 3765 Seemeilen

Aus dem Logbuch:

27. September 2014, Lundeborg | 104. Seetag, 3523 Seemeilen
Es geht weiter Richtung Süden. Der Wind bläst unvermindert weiter, wenn auch nun wenigstens aus Westen. Und es wird kalt.
Das Segeln ist aber echt geil heute. Fast so gut wie von Tallinn nach Helsinki. Unter Minimalbesegelung mit Sturmfock geht es mit neuer Topgeschwindigkeit den Großen Belt entlang. Die Wellen türmen sich auf gute zwei Meter auf. Alles wird nass, fliegt durch die Gegend und das Schiff fährt Fahrstuhl. Ich find's genial!
Das Queren der Storebælt-Brücke wird der unangenehmste Moment des Tages. Unkalkulierbare Wellen und Strömungen plus Windlöcher machen das Ganze zu einem Kochtopf. Danach geht's mit zunehmendem Wind nach Lundeborg. Dort am Abend dann ein echter Schockmoment. (...)

Den ersten Hafentag auf Anholt verbringe ich fast komplett an Bord. Ich habe keine Lust auf eine Landpartie, wenn schon der erste Kaffee am Morgen im Hafen vor Schräglage vom Tisch fliegt. Am nächsten Tag mache ich dann aber eine kleine Tour über die Insel, die wie eine Miniaturwelt mitten auf dem Wasser wirkt. Es gibt Berge, Täler, Strände, Heidefelder und Dünen, die so riesig sind, dass sie wie eine Wüste wirken. Wer mit dem Fahrrad über die Insel fährt, hat in der einen Minute das Gefühl, in den Dünen auf Sylt herumzufahren, und fünf Minuten später geht's durchs ostwestfälische Bergland. Das kleine Dorf, fast ohne asphaltierte Straßen, hat ebenfalls seinen Reiz. Obwohl die Insel vom Tourismus lebt, ist hier nichts herausgeputzt. Im Sommer ist der Hafen von Anholt dermaßen überfüllt, dass man nicht selten im Vorhafen ankern muss, da auch der letzte Millimeter Steg besetzt ist. Heute jedoch liegen ganze drei Schiffe inklusive der NONSUCH im Hafen, alle natürlich mal wieder längsseits. Es ist fast so, als ob ich auf einer anderen Insel festgemacht hätte. Am Hafen laufen einige Fischer herum, die Hände tief in die Jackentaschen gestopft. Ansonsten wirkt der Hafen wie ausgestorben. Sämtliche Fischgeschäfte und

Imbisse haben ihre Läden bereits verschlossen. Auch hier neigt sich das Jahr unweigerlich seinem Ende zu. Selbst das einzige Gasthaus der Insel hat nur drei Stunden am Tag geöffnet. Ich genieße die raue Szenerie, klappe den Jackenkragen hoch und wandere den halben Tag am Strand entlang.

Einige Tage später ist der große Sturm erst mal vorbei bzw. macht, besser gesagt, eine kurze Pause. Es ist Zeit, Anholt zu verlassen und ans dänische Festland zu wechseln. Noch immer ist das Kattegat aufgewühlt, doch wenigstens weht der Wind zunächst aus der richtigen Richtung. Doch das bleibt nicht lange so. Diese Ecke um Grenå herum habe ich noch nie gemocht, denn hier komme ich wirklich jedes Mal in schlechtes Wetter. Auch heute lässt der mit Schauern garnierte Gegenwind nicht lange auf sich warten, weshalb ich kreuzen muss. So komme ich erst mit dem letzten Tageslicht in Ebeltoft an.

Eigentlich ist das hier das Revier, das ich problemlos in einer Woche Urlaub erreichen kann und das ich deshalb wie meine Westentasche kenne. Und doch fasziniert mich heute etwas, das ich gar nicht mehr gewohnt bin. Wieder einmal taucht eine neue Küstenform auf. Nach den endlosen Strandküsten des

Beginnender Herbst auf Anholt. Zeit, sich auf den Heimweg zu machen.

Windstärke 11 vor Anholt.

Baltikums, den zerklüfteten, waldigen Schären Skandinaviens und den nordseegleichen Dünen von Skagen zeigen sich nun an der Küste sanfte grüne Wiesen, Felder und Hügel, manchmal unterbrochen von hellbraunen Lehmkliffs. Zum ersten Mal seit Anfang April sehe ich wieder die typische Küste der westlichen Ostsee. So fühlt sich Heimkommen an.

Die kürzeren Tage schränken das Segeln mittlerweile massiv ein. Ich bin noch immer an die nie enden wollenden Sommertage gewöhnt, an denen ich ohne Probleme manchmal erst um 23:00 Uhr irgendwo fest war. Und nun muss ich schon um kurz nach 19:00 Uhr schauen, dass ich die Hafeneinfahrt noch finde. Meine Abenteuerlust ist immer noch ungebremst, aber das Wetter und die Umwelt machen mir unmissverständlich klar, dass es Zeit wird und ich langsam nach Hause sollte. Mehrere Tage werde ich hier im Hafen festgehalten.

Ich aber bin geschützt im Hafen halb in den Dünen.

Das Wetter wird mit jedem Tag rauer, und so überraschen mich auf der Überfahrt nach Samsø 30 Knoten Wind direkt von vorn. 15 Meter Wind pro Sekunde. Klasse. Ich bin doch selbst nur 1,80 Meter groß. Da hilft nur noch Galgenhumor. Zum Glück hatte ich bereits morgens die Sturmfock aufgezogen. Zu allem Überfluss muss ich auch noch aufs Grad genau gegenankreuzen und hoffe, dass das Schiff die Strapazen mitmacht. Die NONSUCH stoppt in jeder Welle fast komplett auf, was wie eine Vollbremsung an jeder Ampel im Stadtverkehr wirkt. Immerhin hat sie dieses Jahr schon 3500 Seemeilen hinter sich und sich bisher perfekt geschlagen. Es gab nur kleine Blessuren und Ausfälle, keine größeren Macken, und nie habe ich einen

Schnell ab ins Körbchen …

Schnelles Herbstsegeln in Richtung Heimat.

Anholt – eine Insel zum Träumen.

Lagerkoller bekommen. Oft wurde ich gefragt, wie man denn auf so einem kleinen, siebeneinhalb Meter langen Schiff ein halbes Jahr leben kann. Das geht jedoch sehr gut, kann ich mittlerweile antworten. Ich hatte immer genug Platz für meinen Kram und doch war es gemütlich. Gut, aufrecht zu stehen ist manchmal schwierig, aber das ist ja sowieso ein ewiges Thema. Übrigens auch eines, über das sich schon Davies zu Kaisers Zeiten amüsiert hat. Die Sirius 26 ist jedenfalls für mich das perfekte Ostseeschiff. Nonsuch eben. Unvergleichlich. Selbst der Hafen von Ballen auf Samsø erweist sich als komplett verwaist, und so hält mich dort nichts lange. Auf dem nächsten Teilstück raumt der Wind wenigstens etwas und es geht mit Halbwind Richtung Süden. So langsam finde ich Gefallen an diesem Herbstsegeln. Die Wellen steigen mehrere Meter hoch und das Schiff beschleunigt immer mehr. Am Ende stehen als Rekord 8,1 Knoten auf der Uhr. Das hat die NONSUCH vorher noch nie geschafft! Interessant finde ich, wie die Verhältnisse sich beim Segeln verschieben. Wochen werden schnell zu Tagen, Monate fühlen sich wie Wochen an und 8,1 Knoten, also etwa 15 Stundenkilometer, reichen aus, um mich in einen absoluten Geschwindigkeitsrausch zu versetzen.
Dementsprechend komme ich heute mal rechtzeitig vor Sonnenuntergang in Lundeborg auf Fyn an. Und dort gibt es einen

Heute trage ich das kleine Weiße am Vorstag. Bft 6–7, Zeit für die Fock.

kleinen Schockmoment, denn kurz nach mir läuft eine deutsche Yacht ein, die aus Arnis kommt. Das liegt nur einige Kilometer hinter Kappeln, sodass mir klar wird, dass mein Liegeplatz nun tatsächlich nur noch weniger als eine Tagesreise von hier entfernt ist. Im Kontrast dazu steht ein kleines Erlebnis am nächsten Morgen. Ich bereite mir gerade Ham and Eggs zu, ein klassisches Seglerfrühstück wie schon zu Zeiten der DULCIBELLA. Dazu gehört natürlich auch Ketchup und da fällt mir auf, dass mein Ketchup immer noch aus Polen stammt. Meine Gedanken wandern zurück nach Polen. Fünf Monate ist das schon her, und doch kommt es mir eher so vor, als hätte ich Polen erst vor drei Wochen Richtung Kaliningrad verlassen. Diese sechs Monate auf See sind so schnell wie drei Wochen Urlaub vergangen. Gefühlt gibt es da wirklich keinen Unterschied. Kein Lagerkoller, keine Langeweile. Einmal mehr bin ich darin bestärkt, dass es keine bessere Beschäftigung als das Segeln gibt, meine Zeit zu verbringen, denn wenn die Zeit schnell vergeht, muss es wohl schön gewesen sein. Und ich verstehe langsam, warum Langfahrtsegeln süchtig machen kann. Dementsprechend lasse ich mir die nächsten Tage auch richtig viel Zeit. Ich meide den direkten Kurs nach Schleimünde und lasse mich durch die dänische Südsee treiben. Ich besuche Henrik zu Hause im Svendborgsund. Er hat seit dem Vänern

Seglerkai. Willkommen in Thurø.

den direkten Weg nach Hause gewählt und bereut diese Entscheidung nun ein wenig. Also unternehmen wir gemeinsam noch einen letzten Schlag nach Avernakø.

Von dort aus habe ich aber noch ein Ziel. Denn auf dem Weg von Anholt in diese Gewässer ist mir eine Sache eingefallen, die ich noch erledigen möchte. Stürmische Hafentage bringen einen eben auf solche Ideen.

Das Wetter ist beschissen, aber wenigstens stimmt der Wind und so mache ich mich auf in Richtung Flensburger Förde. Irgendwann trifft mich dann wieder ein kalter, feuchter Lufthauch im Gesicht. Fast schon muss ich lachen, denn mal wieder zeigt sich der Nebel oder zumindest Dunst. Die Sicht liegt bei vielleicht 500 Metern. Da ist er ja wieder, meiner treuer Begleiter in diesem Sommer. Dieses Mal beschert er mir aber ein ganz besonderes Erlebnis. Denn irgendwann vernehme ich ein ohrenbetäubend lautes Nebelhorn. Und kurz danach schält sich ein riesiger, weiß-roter Stahlriese aus dem Nebel. Kalkgrund. Ich bin wieder in Deutschland. Ich sehe kein Land und auch der rote Riese verschwindet bald wieder im Dunst. Und doch ist das irgendwie ein emotionaler Moment. Westernhagen läuft: »Ich bin wieder hier, in meinem Revier ...«

Immer weiter geht es in die Flensburger Förde hinein. Irgendwann hört dann der ewige Regen auf und damit leider auch der Wind. Wenigstens lichtet sich aber auch der Dunst. Nur noch einzelne Nebelschwaden ziehen die Förde entlang. Die langsam an Steuerbord auftauchenden Ochseninseln lassen die ganze Szenerie einmal mehr wie Mittelerde erscheinen. Mal wieder bin ich am Ende der Welt angekommen oder zumindest am Ende der Ostsee, denn ganz in der hintersten Ecke der Flensburger Förde, an der Krusau, einem kleinen Fluss, der Deutschland und Dänemark trennt, liegt der westlichste Punkt der Ostsee. 009°23,1' östliche Länge. Und genau den wollte ich auch noch erreichen, denn so habe ich die ganze Ostsee geschafft und den südlichsten, östlichsten, nördlichsten und westlichsten Punkt während einer einzigen Reise besucht. Ein Schluck Gin für Neptun darf da natürlich nicht fehlen. Ich lasse mich einen Moment treiben und

Da ist er ja wieder, meiner treuer Begleiter in diesem Sommer. Dieses Mal beschert er mir aber ein ganz besonderes Erlebnis.

Der Leuchtturm Kalkgrund erscheint aus dem Nebel. Der erste deutsche »Boden« seit 6 Monaten!

Es wird zunehmend kälter.

Im Sommer ein Geheimtipp, wirken die Ochseninseln bei diesem Wetter fast wie Mittelerde.

Auch die Stander vom ASC Kappeln und der SVC Cuxhaven zeugen von einer langen Reise.

denke zurück. An die Nachtfahrt nach Wismar, St. Petersburg und Töre mit dem Empfang von Papa. Eine warme Fröhlichkeit macht sich in mir breit.

Auf dem Weg nach Flensburg gibt es dann ein weiteres Highlight. Flensburg ist mein erster deutscher Hafen, und da man nach alter Väter Sitte nach einer großen Reise die Gastlandflaggen aller besuchten Länder im ersten Hafen des Heimatlands sowie bei der Ankunft im Heimathafen setzt, mache ich das jetzt auch so. Und daher flattern dann alle Höflichkeitsflaggen unter der Saling. Nur leider ist hier etwas Verkehr auf der Förde, und von hinten kommt ein Marineschiff schnell auf. Ein Minenleger oder etwas Ähnliches, also durchaus kein kleines Schiff. Typische Reaktion eines Seglers, die auch ich mir manchmal nicht verkneifen kann: »Na, der überholt mich ja, ich hab also Vorfahrt.« Terrierkomplex nenne ich das immer. Klein, aber dicke Fresse. Der Minenleger kommt immer näher und dreht nur langsam zur Seite weg. Der Kommandant und ich sehen uns dabei nach dem Motto »Wer zuerst blinzelt verliert« durchs Fernglas an. Glaube ich zumindest, denn dann kommt die Überraschung: Von seiner Brückennock winkt er herüber und hebt, als er genau querab ist, den Daumen und zeigt auf meine Gastlandflaggen. Dann verschwindet er wieder in der Brücke. Sekundenbruchteile später erschallt sein Horn. Habe ich also doch etwas falsch gemacht? Nein: Tuuuuut tuuuuuut tuuuuuut. Dreimal lang. Das Grußsignal! Wieder kommt er raus und winkt. Ich freue mich riesig und erwidere mit zweimal kurz, wobei meine Tröte jedoch eher armselig klingt. Ich kann nicht sagen, ob Stolz oder Freude in diesem Moment überwiegen. Auf jeden Fall ist das eine wahnsinnig tolle Geste. Schöner kann ein erster Empfang in der Heimat fast nicht sein. In Flensburg selbst kommt dann jedoch weniger Begeisterung auf. Noch immer bin ich nicht so richtig für die Ankunft bereit. Der Kopf braucht halt einfach lang dafür. Also verbringe ich zunächst noch eine Nacht vor Anker in Dänemark und mache dann eine ausgedehnte Hafenrundfahrt um die Kieler Bucht herum. Ich möchte einfach noch einmal ein paar ruhige Tage verbringen, bevor es dann endgültig nach Hause geht. Daher segle ich noch einmal zurück in die dänische Südsee nach Birkholm und von dort aus dann nach Laboe.

Auf dem Weg nach Laboe ist es dann irgendwann so weit: Am 3. Oktober kreuze ich meine Kurslinie der Ausfahrt im April. Bei herrlichen leichten Winden auf dem Weg nach Kiel taucht plötzlich diese quer verlaufende rote Linie auf dem Plotter auf: meine Kurslinie aus dem April. Obwohl herrlicher Sonnenschein herrscht, ist in meinen Gedanken schlagartig Nacht. Ich denke nämlich zurück an die Nacht, als ich hier im Stockdunklen den Großschifffahrtsweg gekreuzt habe, als die Positionslaternen der Frachter wie an einer Perlenschnur aufgereiht

Rolling Home – Kurs Heimat.

vorbeigezogen sind und ich durch die Hohwachter Bucht Kurs Wismar gesegelt bin. Das Ganze ist sechs Monate her. Aber mir kommt es vor, als wäre das erst gestern gewesen. Aus dem Kopf weiß ich das Wetter und den Barometerstand von damals. Ich erinnere mich, wie ich mich auf die Fahrt ins Ungewisse gefreut habe, wie ich die kalte Nacht durchgefahren bin. Solche Gedanken kommen mir in den letzten Tagen immer öfter. So lebendig sind all die Erinnerungen. Und doch fühlt es sich immer noch so an, als würde ich nach einem ganz normalen Wochenendtörn aus Dänemark zurückkommen. Ich frage mich ganz ernsthaft nicht nur einmal, ob ich das letzte halbe Jahr vielleicht nur geträumt habe.

Von Laboe geht es dann auf den letzten Einhandtag nach Eckernförde. Und noch einmal beschert das Wetter mir einen Segeltag, wie man ihn sich besser nicht vorstellen könnte. Schöne fünf Beaufort, Halbwind bis Raum, konstant über sechs Knoten auf der Logge, so geht es in die Eckernförder Bucht. Auf einmal ist auch wieder viel auf dem Wasser los, denn es zieht noch mal etliche deutsche Segler zum langen Einheitswochenende auf das Wasser. So viele Yachten habe ich seit Stockholm vor genau zwei Monaten nicht mehr gesehen und so viel Blödsinn wurde in den letzten sechs Monaten Ostsee auch nie über den UKW-Funk gesendet:

Ich frage mich ganz ernsthaft nicht nur einmal, ob ich das letzte halbe Jahr vielleicht nur geträumt habe.

»SEEMÖWE, SEEMÖWE, hier ist FRISCHE BRISE, bitte kommen. Over.«
»Ja, der Skipper ist grad pinkeln, hier ist Ilse, kann ich dir auch weiterhelfen?«
In der Masse gab es das nirgendwo, was mir durchaus den einen oder anderen kleinen Lacher entlockt. Ich fühle mich wohl. Irgendwie freue ich mich aber auch, wieder viele deutsche Segler zu sehen, denn es wird sich nirgendwo so viel zugewunken wie hier. Auch das ist so eine schöne kleine Tradition. Und beim Anblick meiner Gastlandflaggen sind auch immer wieder hochgehobene Daumen, Rufe und sogar einmal ein Klatschen mit dabei. Ich freue mich. Eigentlich war ich ja nur sechs Monate segeln und habe nichts Besonderes gemacht. Und doch wärmt das irgendwie das Herz. Auch in Eckernförde kommen schnell viele Gespräche zustande.

Vereinseskorte auf den letzten Schleimetern nach Kappeln.

10 Courtesy Flags und unzählige Erinnerungen bringe ich mit.

NONSUCH in Eckernförde.

Ich habe aber erst mal richtig zu tun. Also pelle ich mich schnell aus dem Ölzeug und mache einmal ordentlich sauber. Denn für heute Abend hat sich der erste Besuch von Segelfreunden aus Kappeln angekündigt.
»Boah, siehst du verlottert aus!« Diesen vertrauten Umgang unter guten Segelfreunden habe ich – ganz ohne Ironie – vermisst. Es ist, als wäre ich nie weg gewesen. Vom ersten Moment an ist alles wie immer. Wir trinken und lachen zusammen und tauschen Sommergeschichten aus. Wieder frage ich mich, ob ich die letzten sechs Monate nur geträumt habe. Doch nun steht er an, der große Tag, der Tag, an den ich seit Monaten immer mal wieder denken musste und von dem ich mich immer wieder gefragt habe, wie er wohl werden würde. Und, das sei vorweggenommen, ich hätte ihn mir nicht schöner ausmalen können.

Nonsuch

Neben dem Spruch über mein Aussehen wirft Frank mir in Eckernförde auch gleich seinen Schlafsack an den Kopf, denn er wird mich auf dem letzten Stück bis nach Kappeln begleiten. Was könnte es Schöneres geben, als diese Heimkehr mit einem guten Segelfreund zu teilen?

Heimkehr. Was könnte es Schöneres geben?

Wir frotzeln, segeln, trinken und lachen wie immer zusammen. Und dennoch liegt irgendwas in der Luft. Um kurz vor zwölf Uhr taucht dann die Mole von Schleimünde vor uns auf, und selbst heute kann ich immer noch nicht beschreiben, was mir in diesem Moment alles durch den Kopf geht. Freude, Trauer über das Ende, Hunderte Erinnerungen, Erwartungen an die Zukunft, Gedanken, was sich wohl verändert haben mag. Ich bin voll Adrenalin und alles schlägt in Freude um. Doch erst mal machen wir in Schleimünde fest, wo wir auf die ersten Vereinsboote vom ASC Kappeln treffen, die sich uns spontan für die Heimfahrt nach Kappeln als Eskorte anschließen.

Meine Anspannung steigt und der Tag wird immer besonderer. Überhaupt werde ich ihn wohl mein ganzes Leben lang nicht mehr vergessen. Es ist und bleibt ein einmaliges Erlebnis. Das

wird mir immer stärker bewusst. Und dann dreht sich Frank zu mir und sagt: »Es ist so weit.«
Die letzten vier Seemeilen dieser langen Reise stehen an. Noch 8000 Meter bis Kappeln. Und alles spielt mit, sogar der Wind, der immer noch aus Osten kommt. Denn dass man die Schlei wirklich reinsegeln kann, kommt nicht alle Tage vor. Die Sonne scheint, ich habe einen guten Freund dabei und sechs Monate auf See im Gepäck. Die Stereoanlage brüllt, so laut sie kann, und wir singen mit. »Tage wie diese« von den Toten Hosen, meinen Lieblingssong »Midnight City«, Klassiker wie »Danger Zone« und so ein Zeug. Zu unserem Erstaunen ist nicht mal irgendein Entgegenkommer oder Überholer genervt. Jeder hat Verständnis für diese unbändige Freude, für dieses Auskosten des Moments.
Als ich dann denke, dass mehr nun wirklich nicht mehr geht, reicht mir Frank das Fernglas: Riesige Vereinsstander wehen weit vor uns im Fahrwasser, wo sich uns noch mehr Vereinsschiffe und Freunde anschließen. Gasfanfaren, Nebelhörner, Stereoanlagen, kalte Getränke und Sonne. Das Schleifahrwasser ist eine einzige Party. Mein Zwerchfell vibriert schon vor Freude, was kann jetzt noch kommen? Dabei sind wir noch nicht mal da.
Irgendwann kommt dann die Kappelner Klappbrücke in Sicht. Noch zehn Minuten, dann ist alles vorbei. Dann sind es noch fünf, dann geht die Brücke wie eine Haustür auf. Die Musik, die Tröten der Vereinsboote, die Touristen am Kai, die gar nichts mehr verstehen. Eine einmalige Stimmung. Fünf Minuten des absoluten Glücks, an die ich noch in Dutzenden Jahren denken werde. Auf dem Kai warten weitere Freunde und meine Familie. Und nun hält mich nichts mehr. Feuerwerk, Lärm und sogar ein spontanes Bad noch vor dem Anlegen folgen. Und dann mache ich wieder beim ASC fest.
Alles zieht wie in einem Film an mir vorbei. Ein Festmacherbier mit Freunden am Steg, ein tolles Abendessen mit der Familie, was könnte es noch besseres geben? Einen schöneren Tag hätte ich mir wirklich nicht vorstellen können.
Später geht es ans Ausräumen. Und immer noch bin ich völlig überwältigt. Es ist, im positiven Sinn, als hätte ich Kappeln nie verlassen. Dann tauchen wieder diese Erinnerungen auf, und ich frage mich, was bleibt. Ich habe das Gefühl, der spannendste Teil der Reise beginnt erst jetzt.
Beim ersten Ausräumen und Verarbeiten schaue ich mir un-

ter anderem die Logbücher das erste Mal richtig an. Sie sind meine größten Schätze der letzten sechs Monate. Denn eigentlich wollte ich nur sechs Monate segeln gehen, am Ende ist aber viel mehr daraus geworden. Ich habe in 191 Tagen zehn Länder besucht. Dänemark, Polen, Russland, Litauen, Lettland, Estland, Finnland mit den weitgehend autonomen Ålands, Schweden und Norwegen. Ich habe 3765 Seemeilen hinter mich gebracht und den westlichsten, nördlichsten, südlichsten und östlichsten Punkt der Ostsee besucht, wenn auch den letzten leider mit einer fremden Yacht. Das ist nach Aussage eines Freundes am Steg die bisher größte Einhand-rund-Ostsee-Reise, über die man etwas nachlesen kann, und das ist für mich auch etwas, was bleibt.

Und jetzt geht es nach Hause nach Hamburg. Ich bin schon neugierig, wie mich das »echte« Leben wohl erwarten wird. Oder habe ich das gerade erst hinter mir gelassen?

Angekommen. Und nun? Habe ich das echte Leben gerade hinter mir gelassen?

Max nach einem halben Jahr Ostsee, wie ihn seine Schwester Frieda erlebt hat

Nachdem mein Bruder nach seiner Reise wieder in Kappeln ankam, blieb er zunächst ein paar Tage dort. Schon da habe ich die erste Veränderung bemerkt: Er nahm sich bewusst Zeit, die Dinge ruhiger angehen zu lassen und langsam wieder in den Alltag zurückzufinden, statt wie vorher an drei Orten gleichzeitig sein zu wollen und am Ende doch wieder mit seiner getroffenen Entscheidung zu hadern.

Und auch in der darauffolgenden Zeit fiel mir auf, wie sehr ihn die Reise verändert hat. Er war nicht nur erfolgreicher darin, konzentriert zu arbeiten und vorgenommene Dinge auch zu erledigen, es gelang ihm nebenbei auch wieder, die schönen Seiten des Lebens zu genießen, mit seinen Freunden unvergessliche Partynächte zu erleben, schöne Zeiten mit der Familie zu verbringen und hin und wieder den einen oder anderen Segeltörn dazwischenzuschieben. Auch fiel mir auf, dass er nun oft ruhiger und gelassener reagierte, als ich es vorher von ihm gewohnt war. Das machte natürlich auch so manche Konfliktsituation mit ihm einfacher.

Rückblickend kann ich sagen, dass Max durch die Reise eine bessere Balance gefunden hat. Er ist entspannter und ausgeglichener geworden, auf der anderen Seite aber auch selbstbewusster und leistungsfähiger. Sicherlich ist eine solche Reise kein Patentrezept für solche Veränderungen, meinem Bruder gab diese allerdings einen guten Anstoß zur Lösung einiger Alltagsprobleme.

Ein Video »Von Dänemark zur Heimkehr« finden Sie unter www.delius-klasing.de/segelsommer.

BUCERIUS LAW SCHOOL
JAHRGANG 2008
MORITZ
www.moritzsail.de
info@moritzsail.de

G 181

Was bleibt? (Heimatgewässer und Epilog)

6. Oktober bis 10. November, 4069 Seemeilen

Aus dem Logbuch:

11. Oktober 2014, Fleckeby | 3795 Seemeilen
Wochenendtrip mit Freunden. Zuerst mal großes Frühstück. Danach ganz entspannter Bummeltag auf der Schlei. Wir lachen, machen blöde Witze, alles wie immer. Und die Schlei ist nicht langweilig geworden. Abends dann grillen auf dem Schiff zu viert.
(...)
Schön, wieder unter Freunden zu sein.

Die meisten Erzählungen würden vermutlich hier jetzt enden. Doch eigentlich beginnt nun erst einer der spannendsten Teile der Reise. Bei Sportinterviews klingt es ja zumeist wie eine doofe Floskel, wenn jemand sagt, dass er das jetzt erst mal realisieren müsse, aber irgendwas scheint da tatsächlich dran zu sein. Es heißt nicht umsonst, dass der Kopf langsamer reist als der Körper. Und daher möchte ich auch noch von den ersten Erlebnissen nach der Ankunft in Kappeln berichten.

Die ersten Tage an Land waren die komischsten und bescherten mir eine Reihe kleinerer »Alltagsprobleme«. Das fing schon bei der Autofahrt von Kappeln nach Hamburg an. Das Problem an der Sache war nämlich, dass ich Geschwindigkeiten über sieben Knoten, also 14 Stundenkilometern, nicht mehr gewohnt war. Vielleicht mal kurzzeitig im Stadtbus. Aber 100 Stundenkilometer? Auf der Landstraße? Ich fühlte mich die ersten 100 Kilometer wie eine Mischung aus panischem 18-jährigem Fahranfänger und dem sprichwörtlichen Sonntagsfahrer und bin entsprechend langsam dahingeschlichen.

An der Schlei hat sich kaum etwas verändert.

Oft berichten heimgekehrte Langfahrtsegler, dass ihnen der Stadtlärm bei der Ankunft besonders unangenehm aufgefallen sei. Das kann ich persönlich so nicht bestätigen, denn an Bord gibt es immer irgendwelche Geräusche. Wenn es nicht der Diesel ist, dann sind es eben die Wellen, der Verkehr am Hafen oder der Wind im Rigg. Natürlich hat man auch immer wieder komplett stille Momente und Plätze, aber insgesamt ist immer irgendetwas los. Etwas anderes ist mir aber sehr stark aufgefallen, und das ist der Geruch der Großstadt. Oder sollte ich eher sagen der Gestank? Das ist im Grunde nicht verwunderlich, wenn man sechs Monate mehr oder minder unter freiem Himmel gelebt hat. Trotzdem hat mich das überrascht. Egal ob im Supermarkt, in der U-Bahn, auf der Straße, in der Uni oder sogar zu Hause – die Stadt riecht, immer und überall.
Schlafen in festen Räumen war auch so eine Sache. In meinem Schlafzimmer ist es normalerweise völlig ruhig und daher fehlte mir nun plötzlich das sanfte Plätschern der Wellen am Rumpf. Genauso ging es mir mit den kleinen, kaum wahrnehmbaren Bewegungen des Schiffs. Ich kann mir vorstellen, dass diese auf den Schlaf einen ähnlichen Effekt haben wie ein sanft schaukelnder Kinderwagen. Und in einem festen Bett in einem geschlossenen Raum fehlte mir das nun völlig. Daher war ich sehr froh, als es dann nach nur wenigen Tagen am nächsten Wochenende wieder zurück an die Schlei zur NONSUCH ging. Zwar lag zu Hause schon seit Wochen eine weiße Schachtel auf meinem Schreibtisch, in der das neue iPhone auf mich wartete, aber das interessierte mich momentan überhaupt nicht. Nicht nur, dass ich gerade etwas Besseres vorhatte, auch hatte mich das halbe Jahr an Bord ein wenig vom Konsum entwöhnt. Natürlich nicht komplett, ich kann immer noch genießen, aber ich frage mich mittlerweile öfter, ob ich einen Gegenstand wirklich brauche, wenn ich auch ohne ihn das letzte halbe Jahr wunderbar ausgekommen bin.

Zurück an Bord stand dann ein wichtiger Törn an. Es ging mit mehreren Freunden übers Wochenende auf eine kleine Schleitour. Zu meinem Erstaunen klappte die Umgewöhnung aufs Segeln mit Crew problemlos, denn das Teamwork und das Teilen schöner Erlebnisse machen alles noch mal intensiver. Ich hatte viel Spaß dabei, einfach so mit Freunden die Schlei entlangzublödeln. Wir lachten, tranken, machten dämliche Männerwitze und grillten, als wäre ich nie weg gewesen. Und am Steg in

Fleckeby fiel mir dann noch so eine Sache auf. Schon seit einigen Wochen hatte ich mich gefragt, ob das Segeln in der westlichen Ostsee und auf der Schlei noch interessant wäre, wenn man ein halbes Jahr lang durch die schönsten Plätze der Ostsee getingelt ist. Ich stand also draußen auf dem Steg, blickte über die Große Breite und mir wurde klar, wie schön es hier ist. Letztes Jahr wollte ich immer so weit wie möglich weg, einfach, um irgendetwas zu entdecken. Nun kannte ich beinahe jeden Küstenstrich der Ostsee. Und wisst ihr was? Die Schlei gehört auf jeden Fall zu den schönsten Plätzen. Vielleicht muss man wirklich einmal bis nach Russland und fast zum Polarkreis gefahren sein, um das zu realisieren, aber jetzt war die Erkenntnis auf jeden Fall da. Auf der Rückfahrt nach Kappeln genoss ich die Schlei dann ganz besonders. Auch jetzt noch war ein Törn im Heimatrevier etwas ganz Spannendes. Das war wieder eine wichtige Erkenntnis, und so ließ ich mir auf dem Rest der Tour ganz besonders viel Zeit, um alles zu genießen.

Ein lustiger Männerabend mit Freunden. Es ist alles wie immer …

... und das Segeln im Heimatrevier hat trotz aller Erlebnisse nicht seinen Reiz verloren!

Noch immer konnte ich mich nicht von der NONSUCH trennen. Jede freie Minute verbrachte ich am Boot und mit einigen kurzen Ausflügen in der Gegend. Erst Anfang November dämmerte mir dann langsam, dass es Zeit war, die Saison zu beenden. Schließlich musste ich das Boot noch nach Cuxhaven ins Winterlager bringen. Daher ging es dann mit einigen Umwegen zum Nord-Ostsee-Kanal. Es war kalt, das Laub schon lange von den Bäumen gefallen. Und doch schaute ich fast ein wenig wehmütig auf das Schleusentor, als es sich hinter mir, der Crew und der NONSUCH schloss. Im Kanal fiel mir dann wieder etwas auf: Normalerweise fährt man hier so schnell wie möglich durch, um an die Nord- bzw. Ostsee zu kommen. Doch ich bewegte mich gerade ein wenig wie in Trance und war mit meinen Gedanken ganz woanders. Vermutlich jedes Hamburger Kind kennt das Gefühl, an den Landungsbrücken zu stehen und sich zu fragen, wohin der Frachter vor einem wohl fährt. So ähnlich ging es mir jetzt auch. In Gedanken war ich bei den

Ich denke an Helsinki … Über fünf Monate ist mein Besuch schon her, und doch fühlt es sich wie gestern an.

am Heck aufgemalten Heimathäfen oder im AIS eingegeben Zielhäfen der Frachter. Einer von ihnen war auf dem Weg nach Danzig, wo ich vor über sechs Monaten das erste Mal in das osteuropäische Nachtleben eingetaucht war. Einer fuhr nach Klaipeda, wo ich nach einer kalten Nachtfahrt aus Russland eintraf. Und wieder ein anderer stammte aus Helsinki und fuhr nach Rauma, ganz in der Nähe der winzigen Leuchtturminsel Kylmäpihlaja, wo ich im kalten Juninordwind mit den dort arbeitenden Mädels Fußball und Sonnenuntergang geguckt hatte. Diese letzten Seemeilen des Jahres im Kanal schienen alle Erinnerungen zu kanalisieren. Alles erinnerte mich an meine Reise. Ein Blick in die Schapps änderte daran auch nichts.

Noch die halbe Verpflegung stammte aus Resten meines Törns. Während die Nordsee immer näher kam, versorgten wir uns mit Instantkartoffelbrei aus Russland, Wasserflaschen aus Estland, dänischem Dosenbier, schwedischer Schokolade und norwegischen Keksen. Einen Tag später war es dann so weit und Cuxhaven kam in Sicht. Mittlerweile ging die Sonne schon gegen 16:30 Uhr unter, und ich dachte an die weißen Nächte im Norden, während wir in den fast verlassenen Yachthafen der SVC einliefen. Mit dem letzten Sonnenstrahl sprang ich ein letztes Mal von Bord, belegte die Leinen und verabschiedete die NONSUCH nach 4069 Seemeilen bis zum Kranen schon mal in den Winterschlaf.

Nun stellt sich die Frage, was von so einer Reise – abgesehen von 4000 Seemeilen im Logbuch und vielen neuen Einträgen im Telefonbuch – bleibt. Ich möchte daher noch einige persönliche Erfahrungen und Erkenntnisse schildern, die ich dieser Reise zu verdanken habe:
Ein gutes Jahr nach dem ersten Entschluss, diese Reise zu unternehmen, sitze ich wieder in der Unibibliothek und überlege, was ich eigentlich erreichen wollte. Abgelegt habe ich mit der Idee, eine Auszeit zu nehmen, wie so viele andere einmal aus dem immer gleichen Trott rauszukommen. Nach fünf Jahren Jurastudium inklusive Nebenjob war ich irgendwie ausgelaugt. Also wollte ich einmal raus und etwas ganz anderes machen.

Der Kanal als Kanalisator aller Erlebnisse. Es wird früh dunkel mittlerweile …

Dabei war mir völlig egal, was in den nächsten Monaten passieren würde. Das galt so zumindest bei der Abfahrt, aber dazu später. Nach Möglichkeit wollte ich dabei auch ein wenig zu mir selbst finden, mich selbst abseits des Korsetts von Uni und Job besser kennenlernen. Aber was bedeutet dieser schon so oft gehörte Satz eigentlich genau?

Trotz aller Entspannung ist am Ende dabei aber auch eine ganz besondere Reise herausgekommen.

Die Auszeit ist mir auf jeden Fall geglückt, habe ich doch eine unvergessliche Zeit an Bord verbracht. Aber das ist der einfache Teil, denn Urlaub machen kann jeder. So eine Reise ist aber kein verlängerter Urlaub. Das soll nicht undankbar klingen, doch nach einer Weile fühlt es sich eher wie ein anderer Alltag an. Nur halt der denkbar schönste. Ständig tauchen Probleme auf, die es zu lösen gilt. Traumhafte Landschaften und herrliche Sonnenuntergänge kann man leicht genießen und bleiben in Erinnerungen. Als mindestens genauso wichtig empfinde ich aber auch das Überwinden schwieriger oder unangenehmer Situationen. Die Erleichterung und Befriedigung, solche Probleme gelöst zu haben, ist Gold wert. Und mit diesem »Gold« lässt es sich erst so richtig entspannen.

Trotz aller Entspannung ist am Ende dabei aber auch eine ganz besondere Reise herausgekommen, denn Ostseereisen haben bereits viele Segler unternommen, jedoch, soweit man das nachlesen kann, nicht in diesem Ausmaß. Und die Erinnerungen daran werden mich hoffentlich über Jahre motivieren. Über mich persönlich habe ich dabei gelernt, dass ich zwar durchaus entspannen konnte, mir aber immer wieder auch kleine Ziele gesetzt habe. Als ich diese dann jeweils erreicht hatte, habe ich kurz wieder entspannt und mir dann das nächste Ziel gesetzt. Wirklich stillhalten konnte ich erst am Ende. Ich habe mich also ganz unbewusst selbst zur Leistung motiviert. War mir am Anfang nur der Ausstieg wichtig, so hat sich nach und nach ein Plan entwickelt. Hab ich mich also eigentlich gar nicht verändert? Konnte ich also doch nicht vom Leistungsleben loslassen?

Ein Ziel führte zum nächsten, wurde angegangen und auch meistens erreicht. Zum ersten Mal durfte und konnte ich mir meine Ziele selbst stecken und war nicht an einen Lehrplan und das Vorlesungsverzeichnis gebunden. Das war eine tolle

Möglichkeit und für mich auch unbewusst eine Art Verpflichtung, mich immer wieder neu zu motivieren. Am Ende stand dann eine Leistung, mit der ich zufrieden sein konnte. Übrigens konnte auch Carruthers auf seinem Törn im deutschen Wattenmeer sein Dasein als Karrierediplomat nicht komplett beiseiteschieben.

Aufschlussreich war es auch, immer wieder die Balance zwischen »mit dem Kopf durch die Wand« und »ich finde einen anderen Weg« zu finden. Zum Schluss hat diese Balance zu einer Ostseereise geführt, die kaum kompletter sein könnte. Ich habe dadurch gelernt, dass es zum Erreichen eines Ziels, eines Plans notwendig ist, für Alternativen zum ursprünglichen Plan offenzubleiben. Mit einigem zeitlichen Abstand zu meiner Reise führt mich das zu dem Schluss, dass man sich wohl auch nach einem halben Jahr allein auf See nicht zu einem komplett anderen Menschen entwickelt. Eher verfeinert sich der vorhandene Charakter. Man ist täglich mit neuen kleinen Herausforderungen und Situationen konfrontiert, und natürlich handelt man dann nicht komplett anders, als es dem eigenen Wesen entspricht. Aber man entwickelt sich weiter. Mir hat die Reise zum Beispiel vor Augen geführt, wie ich in einem komplett anderen Alltag als dem bisherigen reagiere und dass ich mich in der Handlungsweise oft sofort wiedererkenne. Das andere Umfeld auf See hat mir dann dabei geholfen, meine Handlungen und Reaktionen eher als sonst zu reflektieren. Das ist bestimmt eine Erkenntnis, die einem auch bei einer Auszeit an Land kommen kann. In der Natur des Ein-

Die Verpflegung auf dem letzten Törn stammt noch aus allen Teilen der Ostsee ...

Als ich wieder in meinen Heimathafen Cuxhaven einlaufe, ist es bereits Mitte November.

handsegelns liegt aber sicherlich, dass man ruhiger, überlegter und fokussierter wird, und zwar nachhaltig. Denn in diesen sechs Monaten wollte jeder Schritt gut überlegt sein, vor allem da ich jeden Tag auf mich allein gestellt war. Im Büroflur und an der Uni liegen halt keine fiesen unmarkierten Felsen herum, es kommt äußerst selten ein Schwall kaltes Wasser durch die Tür, keine Bäume krachen über und der Bürostuhl schwimmt nicht weg, wenn man ihn nicht korrekt am Tisch festgemacht hat. Weiterentwicklung statt 180-Grad-Wende ist also das Credo. Und vielleicht heißt es deswegen auch »zu sich selbst finden«, denn eher entdeckt man seinen eigenen Charakter, anstatt sich komplett in ein anderes Wesen zu verwandeln.

Wer weiß, welche neuen Horizonte man in sich selbst entdeckt?

Ein anderes Thema, das mich unterwegs umgetrieben hat, war eine Art innere Zielsetzung. Leistungsdasein ist ja schön und gut, aber wie viele Menschen denken eigentlich darüber nach, wofür genau sie arbeiten? Klar, viele haben jetzt gleich den neuen Mercedes, schicke Designerklamotten oder den nächsten Luxusurlaub vorm inneren Auge, aber denkt man eine Sekunde länger darüber nach, dann ist die Sache ein wenig komplizierter. Denn es geht doch nicht darum, immer an den nächsten und wieder nächsten Konsumgegenstand zu denken. Das Thema Burn-out ist heutzutage in aller Munde, und ich glaube, dass diese innere Zielsetzung etwas damit zu tun hat. Hart arbeiten tun viele, doch mal Hand auf Herz: Oft würde zum Noch-nicht-mal-schlecht-Leben auch weniger reichen. Wofür strengen wir uns also an? Haben wir wirklich etwas, wofür wir uns engagieren, was uns glücklich macht oder haben wir die dienende Funktion der Arbeit vergessen? Selbst wenn man weiß, wofür man arbeitet, hilft es einem im Arbeitsalltag sehr, sich das eigentliche Ziel immer wieder vor Augen zu führen. Es gibt diesen wunderbaren alten Spruch, das Segeln kein Sport, sondern eine Lebenseinstellung sei. Und da ist tatsächlich etwas dran, denn auch ich habe unterwegs gemerkt, wie glücklich mich das Boot und das Entdecken machen und dass ich am liebsten sofort wieder los möchte. Ob mit der kleinen NONSUCH oder mit einer 60-Fuß-Swan ist mir erst mal völlig egal. Pauls Geschichte hat mich da sehr zum Nachdenken gebracht. Immerhin konnte ich ein halbes Jahr auf diesem kleinen Boot leben – und das auch noch mit einem vier Jahre alten Smartphone! Undenkbar für Stadtmenschen Mitte zwanzig, oder? Nein, denn ich habe gemerkt, dass es mir vor allem ums Segeln geht. Heute steht ein Bild von einem besonderen Ort der

Reise auf meinem Schreibtisch, und jeder Blick darauf ist bei der Arbeit fünf Tassen starken Kaffee wert. Ich habe meine Motivation für harte Arbeit gefunden, denn ich möchte am liebsten sofort wieder los. Ich arbeite, um segeln zu können. Und mittlerweile habe ich sogar erlebt, dass mich dieser neue Fokus zu Höchstleistungen antreiben kann.
Neben all der Tiefgründigkeit gerät es beinahe schon zur Nebensache, dass man nach einer solch langen Zeit in mehreren fremden Ländern eine ganz neue Offenheit entwickelt. Denn anders kann man als Alleinreisender auch keine Kontakte knüpfen. Dadurch war es mir möglich, in allen Ländern, egal ob mit oder ohne Kenntnis der jeweiligen Landessprache, wunderbar zurechtzukommen. Interessanterweise waren es häufig die kantigeren Typen, mit denen ich mich am besten verstanden habe.
Und auch das Thema Urlaub und Abschalten möchte ich noch erwähnen. Meine Reise fühlte sich oft gar nicht wie ein Urlaub an, weshalb auch das Abschalten und Ruhefinden viel nachhaltiger waren als bei einem normalen Urlaub, egal ob an Land oder auf See. Jeder Segler kennt dieses Gefühl, wenn er am Freitagabend oder Samstag zu seinem Boot kommt und sofort ein anderer Mensch ist. Egal, ob auf dem HInweg die Straßen noch verstopft waren, der Wind für das Wunschziel passend ist oder nicht, mit dem ersten Schritt auf den Steg ist man in einer anderen Welt. Zumindest bis Sonntagabend ist man alle Alltagssorgen los und fährt oft komplett geerdet und zufrieden zurück in die Woche. Zwei Tage auf dem Boot sind oft so erholsam wie eine Woche normaler Urlaub, selbst wenn man nicht mal ablegt, sondern einfach nur im Hafen auf dem Boot sitzt. Und so ähnlich muss man sich auch das Abschalten auf Langfahrt vorstellen, nur halt intensiver. Es dauert ein wenig länger, bis man den Alltag komplett hinter sich gelassen hat, aber dann taucht man komplett in seine neue Welt ein. Entspannt, findet Zeit zum Nachdenken und lernt, von Zeit zu Zeit einfach hundertprozentiges Glück zu empfinden und loszulassen. Und sobald man wieder zu Hause ankommt, ist man quasi tiefenentspannt, frisch, voller Ideen und manchmal auch angenehm leer im Kopf. So geht es mir jedenfalls, denn ich

Zwei Tage auf dem Boot sind oft so erholsam wie eine Woche normaler Urlaub.

habe mich nach der Rückkehr nicht träge und selbstzufrieden, wie das manche Langfahrtsegler beschreiben, sondern quirlig, befreit von jedem Ballast und voller Ideen gefühlt. Ein Ausstieg bringt neue Energie – mir jedenfalls.
Ich habe also ein ereignisreiches halbes Jahr hinter mir. Ich habe Urlaub gemacht und war quasi gleichzeitig auf Fortbildung. Ich habe neue Länder kennengelernt, Menschen getroffen, sechs Monate halb im Freien gelebt und manchmal die hinterletzten Flecken der Seekarte erkundet. Ich habe am einen Tag Geschwindigkeitsrekorde gebrochen und bin am nächsten einfach nur in der Sonne in meinem kleinen Zuhause herumgedümpelt. Ein wenig bleibt für mich die Frage, warum Segeln in meinem Alter eigentlich so ein Nischenhobby geworden ist. Das Thema Ausstieg ist in aller Munde, aber passen all diese Erlebnisse nicht eigentlich perfekt zu unserem Zeitgeist? Es muss ja nicht ein eigenes Boot sein, schon ein Wanderkutter im Verein mit Freunden würde völlig reichen. Egal wie schnell ein Surfbrett oder ein Kite sind, diese vielfältigen Erlebnisse an Bord eines Segelbootes werden sie niemals bieten können. Warum bewirbt also keiner das Jugendsegeln mit diesen Erlebnissen?

Unter dem Strich bleibt nach 4069 Seemeilen also einiges für die Zukunft übrig, auch wenn man sich »lediglich« weiterentwickelt und nicht gleich zum langbärtigen Aussteiger wird. Und das hat ja auch irgendwie etwas Beruhigendes. Meine Reise ist durch all das nicht einfach nur ein Erholungsurlaub, sondern eine Erfahrung geworden, von der ich mein Leben lang etwas haben werde. Sie wird mich immer motivieren, hat sie mir doch gezeigt, wofür ich arbeite und was ich brauche. Neben all den wunderbaren »touristischen« Erfahrungen hat mich diese Reise vieles über den Umgang mit Menschen, aber auch über mich selbst gelehrt. So wird diese Zeit sicher prägend für meine Zukunft sein. Ob Work & Travel oder ein halbes Jahr auf der Ostsee, ich kann jedem nur empfehlen, einen Weg zu finden, solche Träume zu realisieren. Es gehört immer Mut dazu, die Leinen loszuwerfen, aber es wird sich auch immer lohnen. Denn manchmal muss man einfach ausbrechen und in See stechen, bis Land im Weg steht. Und wer weiß, welche neuen Horizonte man in sich selbst entdeckt?

Bibliografische Information der Deutschen Nationalbibliothek
Die Deutsche Nationalbibliothek verzeichnet diese Publikation in der Deutschen Nationalbibliografie; detaillierte bibliografische Daten sind im Internet über http://dnb.dnb.de abrufbar.

1. Auflage
ISBN 978-3-667-10557-8

Lektorat: Birgit Radebold, Sigrun Künkele
Fotos: Maximilian Leßner, mit Ausnahme von Seite 4: Henrik Frænde
Einbandgestaltung: Felix Kempf, www.fx68.de
Layout: Axel Gerber
Lithografie: scanlitho.teams, Bielefeld
Druck: Print Consult, München
Printed in Slovakia 2016

Delius Klasing Verlag, Siekerwall 21, D – 33602 Bielefeld
Tel.: 0521/559-0, Fax: 0521/559-115
E-Mail: info@delius-klasing.de
www.delius-klasing.de